I0389494

জীবনের কিছু কথা

রাশীদা আক্তার খাতুন

সম্পাদনা
মুশফিকুর রাহমান
(লেখিকার ৯ম সন্তান)

বর্ণবিন্যাস
মিনহাজুর রাহমান
(লেখিকার ৯ম নাতি)

চিত্রশিল্প
মুশফিকুর রাহমান
সাজিদ আবদুর রাহমান
(লেখিকার ১৯শ নাতি)
আইরিন রাহমান

Copyright © 2023 by M. Mushfiqur Rahman

All rights reserved. No part of this publication may be reproduced, stored in a retrieval system, or transmitted in any form, or by any means, electronic, mechanical, photocopying, recording or otherwise, without the prior permission of the copyright owner.

First Edition: April 19, 2023 (*Ramadan 28*, 1444)

ISBN: 978-1-943108-09-1

Published by:

FITRAH PRESS
www.fitrahpress.com
info@fitrahpress.com

সূচিপত্র

সম্পাদকের কথা • ৭

ভূমিকা • ৩৫

চিন্তাশীলদের জন্য কিছু উপদেশ • ৩৭

ইবাদতের ওপর কয়েকটা কথা • ৪৪

দেশ-বিদেশ • ৫৫

দাদার বাড়ির গল্প • ৬১

কিছু পারিবারিক কাহিনি • ৬৮

আগের দিনের জীবনযাপন • ৭৯

অর্থবোধক কিছু প্রবাদ • ৯২

সম্পাদকের কথা

All praise is due to Allah (swt) Who has given me the *tawfeeq* to complete the editing work of my mother's second book and present it to her children, grandchildren, relatives and the general readership. My mother likes to write, a trait which I also share with her and perhaps inherited from her. Prior to this one she wrote two other books, with one of which I was involved also to some extent. This one, however, needed a bit more editing in terms of structure and flow. This was expected given her present old age and feeble conditions.

This latest work of my mother has given me more pleasure to work with than did her first book, primarily because it involves incidentals of her life and reminiscence of a time now long gone. Being her child, much of my life is intertwined with that of hers, and so it brought back some of my own childhood memories as I worked on the manuscript. Hence, I thought perhaps it would not be out of line to add a few things from my own childhood years that have now been refreshened by my mother's memoir.

·

Afternoon Chats

To start with, when my mother talked about neighborhood women often coming to chat with her in the afternoons, it retrieved my own memory of it quite vividly. I remember one "Mehebur Ma" (Mahboob's mother) and another "Mehebur Dadi" (Mahboob's grandmother) were particularly frequent in visiting her, though others also used to come regularly. Although as a small boy my interests were more into playing, my ears were not entirely blocked from their conversations, which included mundane matters of life, household affairs, or even trivial conflicts that upset them. Perhaps one afternoon a daughter-in-law would come and talk to her about the mother-in-law, and the next afternoon it would be the mother-in-law who would come to unload some of her burdens. People were generally happy, however, in spite of the financial hardships that permeated the middle class society. Time passed leisurely—people went more by the movement of the sun than by the dial of the clock. Depression, which is so pervasive in Western societies, was almost unheard of. I have my own theories for it, but such discussions are not relevant here. But I think I can mention at least one factor: lack of walls between individuals in our pre-modern societies where people freely mixed and shared life without concerns for formalities. Women, young adults and children could walk-in at each others homes at any time and talk about any matter, which released tensions and also bonded people together.

So, afternoon chats among men and women were rather a common part of life. But for whatever reasons, women felt particularly attracted to visiting my mother, whereas she hardly visited them. And the fact that all sides felt comfortable in confiding to her what were in their chests and found her companionship therapeutic shows that she, now that I think about it, would probably have done just fine being a formal family therapist, if such a thing existed then.

Fufa and Fowmma

My paternal aunt whom we called *Fowmma*, short for *Fufu Amma,* also used to frequent our house. She and my uncle lived in a three-story house, a sign of wealth at that time, in front of our tin-roofed house. Their love for all of our siblings was unconditional and we all delighted in it, particularly in their good food. I, for one, probably made the most of it, and in ways of which I am not that proud.

To give some idea of it, I used to cry a lot over things that upset me. When I say "cry" I mean really loud cries, almost like screams, the sound of which would reverberate across the neighboring houses within a certain radius, inevitably disturbing the afternoon siestas of some. Upon hearing my cries for a bit, *Fowmma* would eventually descend from her 2nd story chamber by negotiating the concrete staircase—she was already approaching old age—and come to our house to see what was all about. She would try to comfort me, then take me to her house to feed me. It would be about a couple of hours before I returned home, fully content. My siblings would then ask me what I ate there—my father had a meagre earning and twelve mouths to feed and so we did not always got to taste delicious food—and my answer would follow more or less the same pattern: I ate *goosto* and *mungsho* and this and that.

Both words actually meant the same thing—"meat"— but I had say it that way to exaggerate to my siblings how I feasted!

One side effect of such royal treatments was that I soon began to anticipate her arrival every time there was an occasion for me to enact the crying drama. Each such episode easily lasted a couple of hours and if she did not show up within the expected timeframe I had in my mind, I would begin to wonder why she was not coming down yet. She should have heard me by now, I would tell myself. Perhaps she is busy doing chores and come when she is done? Just a little more crying and she would surely come. The loud cries would drain my energy and they would become fainter and fainter and the gaps between them wider and wider, ultimately sounding like the quacks of a duck. But I would keep it up nonetheless while anticipating her arrival. My ears would remain pricked to pick up the telltale sounds made by her approaching footsteps.

Finally, come she would, almost every time without a fail. What then followed was part two of the drama: her attempts to take me to her house while I pretended that I did not want to go. I surely *did* want to go, but how could I show that I look forward to her affection and most importantly her food? And so I would grab onto something, such as a door handle. She would try to untangle my fingers from it and when she succeeded, my other hand would grab some other object, may be a post. When she freed that also, I would grab on to something else, and thus it would go on and on over the path towards her house as she untangled one or the other of my hands. As the journey slowly progressed towards her house, my fingers would show less and less resistance when she untangled them. At some point I would wonder: what if she just gave up and leave, thinking that I really did not want to go? That prospect greatly worried me and so I would tell myself: this would be my last grab. But just as she freed it, I would grab something else again saying to myself once more: *this* would be the last time. But alas, that was still not to be. And thus it would continue for who knows how long. By the time I finally gave up, we would already be at the door of the staircase that led to her quarters.

Looking back, I am pretty certain that she understood the game I was playing, but never once did she indicate that she knew it, even though it was the same drama that was enacted over and over again.

I do not know why she had such a soft corner in her heart for all of us, and particularly for me. My father was her youngest brother whom she dearly loved, for he used to cling to her as if she was his mother ever since he lost his own (i.e., my grandmother) as a boy. Then when he grew up and got married, he moved in to stay close to her, purchasing our current home from her husband. My aunt did not have any children and considered us like her own kids. Then my father suddenly died, leaving the ten of us orphans and in poverty. That must have stirred up and overflowed the ocean that was within her heart.

One of my greatest regrets of life is that I did not return to her a fraction of what she did to me. I left my small hometown when I finished 12th grade, and some time after that I flew over the Atlantic. She lived on for some number of years after that, but not always in great care and conditions, and sometimes even lived alone with a maid servant (my uncle passed away some years before her). Yet there was so much I could have done for her which I failed to do. My heart bleeds each time I remember her, and this failure and regret I will take with me to my grave.[1] I just pray that Allah (swt) will not deprive me of her company in the Next World.[2]

My uncle, whom we called Fufa, was not that far behind in showing love and affection to us, may Allah (swt) forgive them both and grant them paradise. His concern for our well-

---

[1] Long is the list of people with regrets for not showing more care, kindness or love to someone who is now gone forever, and hence there will never be another opportunity to do things over. To the reader who is reading these lines, now is the time to do more or be more kind to those among your family members or acquaintances before any of their passing causes you to have regrets. Problems between individuals and even wrongful actions often happen as part of life, though such things are never desired. Yet, I would sometimes tell my students that it is better to be a victim of injustice rather than being an aggressor – if it is between one or the other – lest you have regrets later that can no longer be mended, and regret will be inevitable, one day, if it is the latter. Likewise, it is better to do more for someone or be more kind to someone even if you think you have done enough, lest you have regrets some day that you wish you did more.

[2] Children's supplication for their deceased parents are among the few things from which parents greatly benefit after death. Though my uncle and aunt had no children, in essence we were their children. I hope that my siblings who might be reading these lines will remember to raise their hands for them from time to time.

being was no less that what a father would have for his children. I remember him teaching me and others time and again how to cross the street to go to the field on the other side where we used to play. He would grab my hand firmly, then instruct me: "First look right and make sure there is no vehicle there, then look left to ensure that side is clear, then look right again to make sure it is still safe, and then cross quickly", and just as he said it he would drag me quickly across the street. In those days there was hardly any motor car on the street, only rickshaws, bicycles, and an occasional bus or truck. Yet he always worried about our getting hurt while crossing the street.

If one of my siblings got sick, he would become more anxious than anyone else, frequently inquiring about the condition or the fever. If the sick child had given out a diarrhea, then something amazing would happen. Seeing that semi-liquid splatter of internal matters—the younger ones among us used to let go right on the ground in the backyard—would certainly have been a most discomfiting spectacle for most, and a quick aversion of eyes would have been perfectly expected, but his face would instead beam with a joy of relief and he would go on to quickly add, "now that all this has come out, the fever would surely be going away soon!", and you could just look at the elation on his face and think that he was the happiest person on earth!

My Father

I did not have the opportunity to have much companionship of my father since he passed away when I was barely ten years old. Yet very few people influenced me the way he did, either from my observation of him, however little that might have been, or my knowing about him after his death. Whatever few positive traits I may have within me, I know that some of those could be easily traced back to his influence, for I wanted to be the same as he was because he was *my* father. Despite having twelve mouths to feed with the meagre wages of a government clerk, and the inevitable semi-poverty as a result, he was a man of uncompromising integrity of character. His position afforded him the opportunity to make "millions", so to speak, from under the table, but he readily refused all such offers. Unable to bribe him monetarily, some people tried other discreet methods. I remember seeing visitors from time to time coming to our house and wait at the outside gate with a large fish in hand—something only the wealthy could afford—and my father refusing to come out and see him, let alone accepting his fish.

He had a soft place in his heart for the poor. Among his friends were some who were at the lower strata of the society and hence shunned by the middle class. One of them was a hunchback who had no home and lived in the masjid. From time to time, he would come to our house to self-invite himself, in other words, telling us that he would come on such and such a day to eat with us. I find it fascinating, when I think of it, that he had no hesitation or a feeling of embarrassment in doing so. But I think I can understand why: when the social disparity between them was not noticed by my father—he was a homeless man and my father was a government employee—and when he felt that he was among the closest of his friends, why would he hesitate to come and eat at his buddy's place at anytime of his choosing? It was rather courteous of him to come and give us a heads up!

The passing away of my father must have broken his heart in a way that could have split a rock, but the sorrow must have been only in silence and unnoticed by others. After all, who would care about a homeless hunchback?

I feel fortunate that he continued to come and self-invite himself for a little while longer after my father's death, and my mother would honor that practice despite the fact that following his passing we fell into further financial hardships.

Another thing that my father was well-known for was his treatment of workers. He took the Prophet's (s) instruction of "Give the worker his wages before his sweat dries" seriously and literally.[3] Whoever did any work for him had the confidence that he would pay his dues in full and on time. In fact, he would not undertake any repair work until he managed to have the fund in hand first. Ironically, there were contrary examples of people around us who were quiet wealthy and yet workers needed persuasions to work for them since they were known to be delinquent in payment or find ways to pay less after the work was completed.

Qualities such as these show that my father had proper perspectives on things and an ability to stay objective:

---

3 أَعْطُوا الأَجِيرَ أَجْرَهُ قَبْلَ أَنْ يَجِفَّ عَرَقُهُ (Ibn Majah)

whatever should not be compromised must not be compromised, whatever needs to be done must be done. It is this quality that allowed him, I think, to always wear a smile in his face as he walked down the streets despite any stress he might have been under—while going to work, to the masjid, or to the marketplace. Sometimes I would be following him on his heels a couple of feet behind him as it was considered disrespectful to walk ahead or alongside an elder. It was, therefore, no wonder that he could enjoy an occasional laughter which some thought was quite beautiful.

In that respect, *Fowmma* once told me an incident. As I said earlier, I loved to go to her house. Food was certainly one factor, but she also used to tell me a lot of *kissa* (stories) which fascinated me. Reciprocally, she liked having me also. So an arrangement was once made for me to stay with her for a few days. The days went by too fast and my father came to pick me up at the end of the stay. According to her, for I do not remember the story, when I saw him entering the room, I ran to her saying, "Grab me, grab me, my father is going to take me away!" Seeing this, my father had an outburst of laughter, exposing all his teeth!

Sometime in 2001 I visited Bangladesh and spent some days travelling together with two of my maternal uncles: Helal Mama and Dulal Mama. We were chatting together one day at the residence of my elder brother Mukhles. During the course of the conversation, something caused me to have a laughter. A few moments later, I heard Helal Mama say, "That was not like it."

"What was not like what?", I asked, trying to understand what he meant.

"Your laughter is not like your father's", he explained.

Earlier he had said that I had some resemblance to my father, but now that he heard my laughter, he was disappointed that I did not quite carry my father's wholesome, reverberating laughter. I know at least one reason why, as far as the physiology of it is concerned: I have an overlapping tooth in the front while my father had a beautiful array of well-set teeth, though he never set foot in the chamber of a dentist in his entire life.

My father used to tell us about the importance of not wasting food. One memory I have of him involves meal time. He would be sitting on the floor on a mat. My mother or elder sisters would be serving him some modest food. Often I would be sitting next to him and eating together. I would observe that as he ate, if any piece of morsel happened to fall outside the plate, he would pick it up and put it right back on the plate, even if it was only a single grain of rice. Usually, one of the cats that lived in the neighborhood would be sitting close by, expectantly waiting for crumbs.

This example of my father's giving due respect to food became firmly ingrained in my mind from an early age, which was further reinforced as I grew up and began to learn about Islam's strict instructions against wasting Allah's bounties, be that money, food, or anything else. How much Allah (swt) disdains this can be understood from His calling the waisters as "brothers of Satan."[4] I do not remember exactly when, but at some point I developed the habit of ensuring that I eat everything on the plate down to the last piece of food, sometimes licking it to a spotless shine when eating within the privacy of the home. Once *Buwa*, a maid lady[5] who used to live in my sister Hafsa's house, picked up a perfectly clean plate from the dinning table and proceeded to put some food on it to serve someone. Fortunately I was still lingering on the chair having just finished my meal, and I sprang up and snatched the plate away from her hands saying that it was my plate—I just finished eating from it![6] There have been a few occasions during formal dinners when, upon seeing that I ate every bit of scrap on the plate, a host would proceed to put more food on my plate thinking that I was still hungry, and I would have to pull the plate away or cover it with my hands and explain that I was already done. I am not fully certain but perhaps this is one

---

[4] وَلَا تُبَذِّرْ تَبْذِيرًا إِنَّ ٱلْمُبَذِّرِينَ كَانُوٓا۟ إِخْوَٰنَ ٱلشَّيَٰطِينِ – "Do not squander wastefully, indeed those who squander wastefully are Satan's brothers." (Qur'an 17: 26-27)

[5] She passed away some years ago, may Allah cover her in His Mercy. Her contributions to my sister's household perhapd can never be paid back, and the injustices that this poor woman suffered at the hands of man would call for a separate book to be written.

[6] If you feel subconscious about licking fingers or the plate, then know that the most honorable and dignified man the world has ever seen had done so. He would advise his Companions to lick fingers and the dish, and say, "You do not know in what portion the blessing lies." (Muslim)

of the reasons why some people feel subconscious about finishing off their plates completely, as if doing so would make one look like a glutton. A man's dignity, however, is from doing the right thing rather than trying to conform to people's expectations. The real truth is actually a step further: dignity comes from doing what is pleasing to Allah.

It is a sad irony that not a few Muslims waste both food and money despite the clear teachings of Islam, when elsewhere hundreds of thousands of people continue to die each year in sheer poverty and from lack of food and nutrition. I am particularly perturbed when I sometimes see even *imams* or religious leaders leaving food on their plates, to be thrown away. This disconnect between faith and action always surprises me, so far as food is concerned at least. It is, as if, there is no accountability on food.

Here again, I am indebted to my father whose example helped me to make that connection from early on.

I have a little compassion for all creatures including animals, birds, and even plants. They remind me of the wonderful handiwork of my Lord and in them I see His Majesty. Over the years, whenever I came across an injured creature, I made reasonable attempts to rescue it or alleviate its pain to the best of my ability, be that an animal or something as small as an ant. As all things are part of the global family of slaves that worship Allah, I never feel entirely alone even when taking a lonely walk on a secluded path. At times, I would stop by a tree, place my palm gently on its trunk as if I am caressing it, and then greet it with a *salam*. Sometimes

I would utter a word or two to say how much I appreciated it for giving us shade, fruits, oxygen, and even lumber upon its demise—all of these silently without ever a word of complaint. Anyone who happened to observe me murmuring to a tree could have thought I escaped from some psychiatric institution. I, however, do not have an iota of doubt that the tree was hearing me and might possibly be responding to me even though I could not hear it back. This conviction is from the simple fact that all things glorify Allah even though we do not understand how.[7]

The conversations of the ants in the story of Sulayman (as) in the Qur'an has also profoundly shaped my outlook. Thanks to this story, I know as a matter of fact that ants, and by extension all other species on earth, can talk among themselves, have feelings and emotions like humans do, are fairly intelligent, and have a complex social structure. Some of these are already established by modern animal studies. Perhaps this was one of the intended wisdom as to why Allah (swt) included the ant story in the Qur'an, for if humans are to be *khalifa*[8] on earth, then it is necessary that

---

7 تُسَبِّحُ لَهُ ٱلسَّمَـٰوَٰتُ ٱلسَّبْعُ وَٱلْأَرْضُ وَمَن فِيهِنَّ ۚ وَإِن مِّن شَىْءٍ إِلَّا يُسَبِّحُ بِحَمْدِهِۦ وَلَـٰكِن لَّا تَفْقَهُونَ تَسْبِيحَهُمْ — "The seven heavens, the earth, and all that is within them declare His glory. There is not a thing but celebrates His priase, though you do not understand how they declare His glory." (Qur'an 17: 44)

8 "Steward", representing God's will on earth as His vicegerent.

they have a proper outlook and understanding about all the other inhabitants of the earth whom they are to take care of.

I have wondered on occasions what creates awareness and sensibilities about a given matter in some people but not in others even though both were exposed to the same level of information on the subject. For instance, let alone showing concern for injured animals, some people have no qualms about deliberately killing an innocent creature. Recently, I was having a meeting with a few people in a masjid. We were siting in a circle and discussing a subject. At one point, I noticed an ant crawling across the carpet in front of me. I kept an eye on it while carrying on the conversations while it swerved left and right. Presently, it changed direction and began to walk towards the person sitting on my left. As the ant drew closer to him, he noticed it. The next few seconds saw him taking a paper napkin out and grabbing the ant with it. I thought he was going to just lift it off the carpet and release it some distance away from us. Instead, he gave it a thorough squeeze between his fingers over the napkin to ensure it is flattened to death, then got up and proceeded to dispense the napkin—now soaked with ant juice—to the trash can, leaving me in shock. The poor ant had no chance, for it happened too quickly for me to be able to stop him and prevent its premature death. I know the person well—in fact, he is a good, religious man. Then why would he do this unnecessary act when the ant posed no threat to him or anyone else, and do so in a way that is particularly painful and torturous?

Let's now talk about another case. A country boy, about seven or eight years old, once saw an ant drowning in a pool of water. There are many types of ant species and some are quite poor in dealing with water. This particular one was hopelessly trying to survive from a watery grave. Though quite small, somehow it caught the eyes of this boy. Using a twig or something similar, he gently lifted the ant off the water, then walked up to a nearby tree and with utmost care—these details are from an eye witness account—placed it on to one of the lower branches of that tree. I think I know what this boy was thinking: he wanted the ant to recuperate in a safe place without the possibility of being flattened under a passing human or animal foot. His elder sister witnessed the act from nearby and was surprised to see this level of compassion in her younger brother.

Back to the question I posed earlier regarding what contributes to developing sensibilities in some people. I can perhaps surmise one factor. Humans are set to begin, by the Creator, with good and pure pre-dispositions.[9] During the early impressionable years when the purity of that original nature still lasted and a child is exposed to positive examples, particularly by a role model that he looks up to, the values are etched into his primordial conscience, often for life. But Allah knows best.

---

[9] كُلُّ مَوْلُودٍ يُولَدُ عَلَى الْفِطْرَةِ — "Every child is born with the *fitrah*." (Bukhari). *Fitrah* is the original pure nature that is pre-disposed to worshipping Allah and doing all that is good.

The boy in the story was my father, and the sister watching him was *Fowmma* who told me the story. He never knew that this one small act of kindness to a tiny creature would one day move and motivate another boy—many years later.

… gently lifted the ant off the water

I sometimes think about my father's early death—he was only 51 years old at the time. All things happen as part of Allah's decree and wisdom. Within some years after his death, our financial situation began to improve. The girls were getting married to well-off families and the boys were graduating with good results. It was not too long before we were settling down with some level of prosperity. Perhaps Allah (swt), out of love for him, took him back before the worldly pleasures and comfort touched him, which often brings laxity in worship and *ghafla*[10] in the relationship with the Creator, may He be Exalted.

Our House and Some Childhood Memories

Among what this book contains are a few lines of descriptions of the house where we grew up. What cannot be portrayed, however, are all the memories that this house is attached with from our lives. In the northeast side and partially in front of the main tin-roofed house was a thatch house made of *dhari* (bamboo splits). This was for the older boys to sleep in and study, as well as for any occasional male guests. The south side of the property along its entire length was lined up with a number of *supari* trees (areca nut). Right at the front where the property began was a lemon tree about five or six feet in height and a little more in breadth, which used to give a profusion of lemons each year. Bordering the lemon tree was a small chicken coop made of brick walls with a tin roof and barely three feet high. A few feet away from it in the south-east corner was a coconut tree. Though young, it used to provide plenty of coconuts year round. It is nearly impossible to climb a coconut tree, or so it was for me even though I was no less an expert in tree climbing. Since it was my unwritten duty to fetch the coconuts, I managed that task by climbing up a nearby *supari* tree —

---

[10] The Islamic term *ghafla* (غفلة) is difficult to translate. "Heedlessness", "inattention", etc. do not capture its full import. More accurately, it is a state of unawareness about the ultimate reality of things and living in a world of false imagery.

which was no easy feat either — and then transferring on to the coconut tree at the top.

Frontyard

The kitchen, which we called *pakghor*, was a separate thatch at the back of the house along the north side, immediately bordering the main house but not quite attached to it. Its sides were from *dhari* also, as was the roof. Consequently, it was leaky which made it most uncomfortable for my mother and older sisters to cook meals during rainy days, and rained it did quite often. Right in the corner where the back door of the house led to the kitchen was a *kathal* tree (jack fruit). This tree was my means for getting on to the roof, which I did from time to time. A second *kathal* tree was some twenty feet behind the house, bordering the southside. About eight feet behind the kitchen was a concrete slab for the purpose of showering, which was fenced off with *dhari* to provide some privacy. Close to it was another lemon tree which only produced a few lemons.

Backyard

A further forty feet or so from the second *kathal* tree was a lychee tree. This was my favorite tree on whose branches I spent countless number of hours. The red and ripen lychees which hung in clusters and weighed down the branches was a beautiful seen to behold, and it gave me much delights each time. The skin of the fruit so tightly held up the juicy flesh that as soon as the skin was cracked for peeling, a burst of juice would sprinkle out from it. Harvesting the lychees required some sacrifice, however. Thousands of large red ants called *mandayl*, each over half an inch long, made their nests in the tree and their bites were particularly painful. When biting, they would bury their teeth deep in the flesh while raising up their bottoms, as if to maximize the penetration of the teeth, to the point that it would require some amount of pulling force to break it free from the skin.

It's not just the humans who appreciated the lychees. When the fruits ripened, large number of bats found the tree to be a gold mine every night. To save the fruits from being thoroughly devoured in a matter of a few nights—the bats only operated at night—we used to hang a couple of empty tin canisters on to one of the branches, then tied it with a long rope the other end of which was taken inside the house. From time to time during the night, one or another of my siblings would pull the rope, causing the canisters to bang against each other. The sudden ding-dongs made by the colliding canisters would startle the bats and we could hear them flying off while fluttering their wings. It would not be long before they returned, however. So it was a loosing battle at the end, though it helped a little. Our best approach, therefore, was simply to harvest the fruits as soon as they began to ripen with a hue of red and that task was performed by me for the most part, which I did gladly despite the pains inflicted by the bottom-raising *mandayls*.

Talking about the lychee tree brings back another memory that has to do with my younger brother Mashuk. One of the branches of the tree, about twelve feet high, ran almost horizontally to the ground. We hung a loop of rope around it which was used as a swing. He was sitting on that branch one afternoon, and I do not know why because there was no foliage close at hand and therefore no lychees to be had. Apparently, the tree did not think too highly of him sitting there either, for all on sudden the branch snapped with a loud creak and he came crashing down to the ground, not unlike Newton's apple, and landed with a thud. However, whereas Newton's apple had at least some "cushiony" reception—the legend has it that it landed on Newton's head, and he had a full head of hair—my brother's posterior—it was that part of his anatomy that made the touchdown—was not as fortuante given that there were some exposed roots on the ground. As for himself, he was quite dumbfounded and perplexed for a few moments and didn't know what was happening to the world. I was not there to witness the show but I did not miss much though, for a mental reconstruction of the episode gave me enough giggles.

A further ten feet beyond the lychee tree at the far edge of the property was our *paykhana*, that is the latrine. It was a small building with a tin roof, a few feet above the ground, and required climbing up three or four concrete steps to access the chamber. This *paykhana* had some stories of its own. Though it was quite a distance away from the house, making trips there was part and parcel of everyone's life. Doing so during the night, however, was a different matter because of the common understanding that ghosts liked to hang around near *paykhanas*. On this point, there were some hair raising stories and one of those involved *Fowmma* about whom I talked about earlier.

The house we lived in belong to her husband before he sold it to my father and that is where they lived for some years prior to constructing a separate building for them. They lived alone and had no children. My aunt was not totally immune from the effects of ghost stories. Yet, important matters can't just be postponed sometimes. And so it happened that one night she felt the call of nature, and that even in the dead of night when all human beings were fast asleep, including her husband. It was also the time when ghosts were particularly known to roam about. As she did not want to wake him up, she summoned sufficient courage and resolved to go on her own. With the *bodna* (tumbler) in her hand filled with water, she tip-toed to the *paykhana*, with her nerves on the edge. Upon reaching it, she climbed up the stairs, closed the door and squatted down. Barely as she did so, she heard something descending from high above and landing on the tin roof with a jerk. Right after that someone began to pour a huge column of water, like a waterfall, along one of the walls. That was too much for her nerves to handle. Flinging open the door, she hoped down the stairs and sprinted towards the house. As she reached the backdoor she collapsed and fainted, the sound waking up my uncle. He sprang up from the bed and rushed to see was happening. She recovered soon, perhaps after some sprinkle of water on the face, and told him what had just happened. "Why didn't you wake me up when going there in the middle of the night?", he rebuked her. He then lighted a hurricane lamp, called up a servant to come with him, and went back to investigate. There, he could not find any ghost sitting on the roof of the *paykhana*. Of water, there was no sign.

Stories like these turned our livers to water at the thought of going to the *paykhana* at night. But the urge of nature does not afford anyone the luxury of scheduling it in advance, and so it was inevitable that one or the other of us would be handed down the summon at one time or another during the night. Then it was a matter of persuading one sibling or another to accompany the dreaded trip. With so many siblings to spare, it was not too difficult to ultimately find someone willing to come along. With a lighted lamp in hand —it was the belief that fire or light deterred ghosts to some extent—he or she would stand some fifteen away from the *paykhana* while the other took care of the urgent business.[11]

---

[11] Here is a benefit of having many kids. But funny things aside, having many children brings blessings in life in numerous ways, for this is what Allah (swt) has intended in nature. In his farewell speech the Prophet (s) said in reference to the Day of Judgment, "I will be proud of your great numbers before the (other) nations". Now a days many Muslims who are influenced by Western lifestyle settle for one or two children out of financial, lifestyle or other considerations. This attitude casts a doubt on Allah (swt) as the Provider Who has already decreed all things. A number of European countries are currently struggling with declined populations due to negative birth rate, which is a lesson for everyone. If a couple has only

It is interesting to think about how much one can remember from his or her earliest period of childhood. When traversing my own memory lanes, I can go back quite far in my life that is surprisingly early. One such memory has to do with me being suckled by my mother. I remember vaguely that one day someone stepped inside the house—perhaps a relative or a neighbor—and I ran and buried my head under my mother's *sari* and began to suckle. I could not have been more than two and a half years old at that time. Another one involved my sitting on the threshold of the front door and watching a chicken run across the courtyard. I cannot tell how old I was but it was quite early in my life. Yet, there is another one that was probably the earliest of all which occurred during the 1970's war of independence when I was more or less two years old. In that memory, I was looking at a bunker in a courtyard which was dug in the shape of a "U". Each arm had terraced steps carved in the ground which led to the base some seven or eight feet deep. The whole bunker was covered with tin to keep out the rain and the sun. The

---

one child, then they are contributing towards negative growth to the *ummah*, and if they have two, that is zero growth. Further, you can never be sure whether that one or two child(ren) you have will survive or if any of them will take care of you in your old age or become righteous and make *du'a* for you after you die. Having many children will ensure, *insha Allah*, that at least one of your children will have the opportunity or the compassion to take care of you in your old age or raise hands to Allah (swt) in supplicating for you when you are lying in your grave.

bunker was dug by my uncle, whom I mentioned above, on the courtyard next to our house which he also owned. The idea was to take shelter in it in case of aerial bombing. My memory involved looking at that bunker and the terraced steps.

My mother had a particularly frightening experience involving this bunker, though I do not have any memory of it. It so happened that one day deafening sounds of two jets could be heard flying low overhead, chasing one another in a dogfight. Screams went out to seek shelter. Dropping whatever everyone happened to be engaged in, all ran to the bunker helter-skelter, and then down the steps all the way to the base, and so did my mother. Only upon reaching the base did she remember that in that frenzy she left behind her infant child, my younger brother, sleeping on the bed inside the house. What she then did should not surprise anyone as I do not think any other mother would have acted differently when the life of her child was in danger. At the peril of bombs falling and exploding at any moment, she rushed out of the bunker, ran across the two courtyards, went inside the house, snatched the baby off the bed, then ran back to the bunker. One could easily imagine how her heart must have been racing throughout the ordeal and the relief she have felt once she was back in safety with the baby in her arms.

Fortunately, no bombs fell. So after sitting out a couple of hours, everyone gradually emerged from the bunker and resumed whatever chores had been interrupted. But the nine-month long war was indeed a period of intense terror for many.

Relationship with the Creator

There were many other events I could dig out from the pages of memory, long since buried, that are associated with our childhood home, and if I were to write about them all, then this "preface" would take the shape of a book on its own. So I must bring this to a close, and as I do so I would like to express something that has come across my mind from time to time over the years: *every man's life is an epic in itself.*

Indeed it is a greater epic than the *Iliad* of Homer or the *Shahnama* of Firdawsi, not simply on account of all the details and incidentals that are factual rather than fictitious but also because these are his or her *very personal* experiences, covering the full spectrum of human emotions, ranging from trials to relief, from pain to comfort, from fear and anxiety to safety and tranquility, from sorrow to joy, from melancholy to ecstasy, from depression to happiness. And yet, all that collection of events ultimately find their ways into the past, to be consigned one day into an era that is bygone. Even all that the brain contains shall one day come to naught. This is the ultimate law for all things that came into existence. Hence, the Lord said:

All that is on earth will perish, and will (only) endure the Face of thy Lord, full of Majesty and Honor. (Qur'an 55: 26-27)

Therefore, more important than past reminiscence is a relationship with Him Who brought us into being and to Whom we shall eventually go back. Ultimately, what matters is a lasting bond with the Everlasting. That is why the first two chapters of this book of my mother are so much more important than the stories mentioned in the subsequent chapters, for the former would help the reader to retain, by the Grace of the Everlasting, happiness and tranquility that will last, while the latter is to be vanished away into oblivion, sooner or later.

Request

This brings me to finally close this preface with two requests to the reader: First, out of respect to the author, please read the initial two chapters first and not jump to those parts that interest you the most, and do so while taking the time to internalize what she is imparting to you. And second, donate some money to benefit the poor, preferably 100 dollars or more for those who live in the United States or 1,000 taka or more for those who are in Bangladesh, with the intention of benefitting the author from its rewards, as well as making *du'a* for her well-being in this life and the Next. If your intention is sincere and your earning pure, the Most Generous will reward you equally without any of it being diminished, for He has no limits to His bounties.

I pray that Allah (swt) accept this work from the author and reward her for the efforts, including those who assisted with the book.

Mushfiqur Rahman
Maryland, USA
January 1, 2023

ভূমিকা

বিসমিল্লাহির রহমানির রাহিম। আল্লাহুমা ছাল্লি আলা মুহাম্মাদিন ওয়ালা আলি মুহাম্মাদিন ওয়া আছহাবিহি ওয়া বারিক ওয়া সাল্লাম।

আমি খুব নগণ্য আল্লাহর তুচ্ছ বাদী। ধর্মীয় জ্ঞান খুবই কম। তারপরও ভাবলাম, অনেকেই হয়তো মনে করে যে ইসলাম ধর্মের আইনকানুন ও বিধিবিধান পালন করা খুবই কঠিন; ভাবে যে হয়তো পালন করতে পারবে না। শয়তানের ওয়াছ ওয়াছায় হতোদ্দম হয়ে পড়ে। এই জন্যই কিছু লিখবার চেষ্টা। ভুলত্রুটি যেন আল্লাহ পাক ক্ষমা করেন। যারা পড়বেন তারা যেন ক্ষমা করেন, আর আমার জন্য দোয়া করেন। কেউ যদি কিছুমাত্র উপকৃত হন তা হলে আমার চেষ্টা সফল মনে করব।

আমার লেখাটুকু কেউ যদি পড়ে মনে করে, এটা তো বেহেশতে যাওয়ার সহজসরল পথ হলো না, তবে সে খুবই ভুল করবে। বেহেশত কী, কত সস্তায় দয়াল মাবুদ তা বান্দাদের দান করবেন, তা যেন সবাই বোঝে ও চিন্তা করে। গুনাহগার, নাফরমান বান্দারা খাঁটিভাবে তওবা ও অনুশোচনা করলে তারাও ক্ষমা পেয়ে যাবে। ভয়ংকর দোজখের আজাব থেকে মুক্তি দেবেন ও বেহেশত দান করবেন।

মাবুদ তাঁর প্রিয় বান্দাদেরকে দান করেছেন চিরস্থায়ী সুখ-শান্তি, চিরযৌবন, কোনো চিন্তাভাবনা নেই, রোগশোক নেই, সুখ-দুঃখ আর শান্তি যার শেষ নেই। এই ক্ষণস্থায়ী জীবনে এটুকু কষ্ট না করতে

পারলে সে কীভাবে অনন্তকালের এই বেহেশত লাভ করবে? বেহেশত এত সস্তা মনে করলে ভুল করবে। চিরস্থায়ী ভয়ংকর আজাবের স্থান হতে আল্লাহ তায়ালার রহমতে বেহেশত নসিব হওয়া বড়োই সৌভাগ্যের ব্যাপার। সমস্ত মুসলমানের সেই সৌভাগ্য নসিব হোক এই দোয়া করি। আল্লাহ রাহমানুর রাহিম। তিনি সবই পারেন। কাফেররাও তাঁর রহমতে মুসলমান হয়ে ইমানের সহিত মৃত্যুবরণ করে সফল হতে পারে ও বেহেশতবাসী হতে পারে।

ধর্মীয় কয়টা কথা বলার পর, আমার ছোটোবেলার পারিবারিক কিছু গল্প এবং আগেকার দিনের জীবনযাপন সম্পর্কেও কয়েকটা কথা লিখলাম। আমাকে আল্লাহ তায়ালা অধিক বয়স পর্যন্ত বাঁচিয়ে রেখেছেন বলে কিছু লিখে গেলাম। যার ইচ্ছা পড়বে এবং পঞ্চাশ-পঞ্চান্ন বছর আগের পরিবেশ পরিস্থিতির ব্যাপারে জানতে পারবে।

আমার লেখার ভুলভ্রান্তি হওয়া মোটেই অস্বাভাবিক ও অসম্ভব নয়। ক্ষমাসুন্দর দৃষ্টিতে দেখবেন আর আলেমদের কাছ থেকে জেনে নেবেন। আমারা সকলেই যেন এই ক্ষুদ্র জিন্দেগিতে সঠিক পথে চলে সফল হয়ে পরলোকে যেতে পারি এই আশায় আমার লেখা।

রাশীদা আক্তার খাতুন

আমাদের জীবন: চিন্তাশীলদের জন্য কিছু উপদেশ

চিন্তা করো এবং আল্লাহকে জানো

কোথায় ছিলাম? কোথায় আসলাম? কে আমাদের সৃষ্টি করল? এই সমস্ত চিন্তা করে প্রথমেই নিজেকে চেনো। জন্মরহস্য নিয়ে ভাবো। নিজেকে জিজ্ঞাসা করো, কীভাবে কীসের থেকে আমাকে এই সুঠাম সুন্দর মানবরূপে সৃষ্টি করা হয়েছে, যার মধ্যে রয়েছে লাখো উপকরণ? রয়েছে জ্ঞান, বুদ্ধি, বিবেক, বিবেচনা, ভালোমন্দ পথ চিনে চলবার ক্ষমতা। জন্মের পূর্ব থেকেই কে রিজিক তৈরি করে রেখেছেন?

কেন জন্ম হলো? আমাদের জীবনের উদ্দেশ্য কী? আমাদের এই জিন্দেগির করণীয় কী? কী করলে আমরা সফল হবো এবং চিরস্থায়ী শান্তি লাভ করব? কে সেই স্রষ্টা যিনি পিতামাতার অন্তরে স্নেহ, মায়া, মমতা পয়দা করে আমাদের লালনপালনের ব্যবস্থা করে রেখেছেন? কে তিনি যিনি এই বিশাল আকাশ ও জমিন এবং এই পৃথিবীর যাবতীয় পাহাড়-পর্বত, সমুদ্র, মহাসমুদ্র, নদীনালা, গাছপালা, জীবজন্তু, হাজারো স্বাদের হাজারো বর্ণের হাজারো আকারের ফলমূল ও নানা নেয়ামত সৃষ্টি করেছেন? কার জন্য এবং কী কারণে করেছেন? কে সেই সৃষ্টিকর্তা যিনি এত পরাক্রমশালী, এত ক্ষমতাবান?

আকাশ, চাঁদ, সূর্য, অসংখ্য গ্রহনক্ষত্র, তারকারাজি সকলেই যার যার কর্তব্য নীরবে পালন করছে। কোনো সংঘর্ষ নেই, কোনো ত্রুটি বা ভুলভ্রান্তি নেই। সমুদ্রের ভেতর কতরকমের জীবজন্তু, বিশাল আকারের

তিমি, হাঙর, কুমির এবং আরও কতরকমের মাছ এবং হাজার হাজার জীবজন্তু। কে তাদের সৃষ্টি করেছেন? কে তাদের আহার যোগায়?

তিনিই হলেন আমাদের সৃষ্টিকর্তা। আমরা সকলেই তাঁকে আল্লাহ তায়ালা বলে ডাকি। তাঁর গুণবাচক আরও অনেক নাম আছে। তিনি অতি দয়াময়, করুণাময়, রাহমানুর রাহিম। গাফুরুর রাহিম। রিজিকদাতা। বান্দাদের বালা-মুসিবত থেকে রক্ষাকর্তা। তাঁর গুণ লিখে কেউ শেষ করতে পারবে না। তিনি এমনই দয়াময় যে এই জগতে যারা তাঁর নাফরমানি করেছে, কুফরি, শিরক ও মোনাফেকি করেছে, তাদেরকেও সারা জীবন রিজিক ও নেয়ামত দান করে চলেছেন।

এই আকাশের ওপরে আরও ছয়টি আকাশ আছে বলে আমরা জানতে পারি। কিন্তু সেই আকাশগুলো কী দিয়ে সৃষ্টিকর্তা সাজিয়ে রেখেছেন একমাত্র তিনিই জানেন। কোনো মানুষ তা জানে না, জানবার ক্ষমতা কারও নেই। আকাশে জমিনে আরও সৃষ্টি রয়েছে। কারও সাধ্য নেই এই অগণিত সৃষ্টি গণনা করবার। তিনি আমাদের সকলের, সকল মানবজাতির সৃষ্টিকর্তা। আল্লাহ তায়ালাকে এরপরও যদি কেউ অস্বীকার করে, উপাসনা না করে, তা হলে সেটা হবে সেই মূর্খ মানবসন্তানের জন্য একমাত্র এবং চূড়ান্ত দুর্ভাগ্যজনক বিষয়। কেননা এটা তার জন্ম এবং সৃষ্টি হওয়াটাকেই সম্পূর্ণভাবে বরবাদ করে দেয়।

নিজেকে নিয়ে চিন্তাভাবনা করো, তা হলে আল্লাহ তায়ালাকে জানতে পারবে। তারপর তাকেই সর্বাপেক্ষা বেশি ভালোবাসতে হবে এবং মজবুতভাবে ইমান গড়তে হবে। ইমান কী, আন্তরিকভাবে বিশ্বাস করতে হবে। পবিত্র কুরআন হাদিস ও ধর্মীয় বই পড়ে আল্লাহর মনোনীত ইসলাম ধর্ম কী তা শিখতে চেষ্টা করো। এই পৃথিবীতে কত জাতি, কত ধর্ম-বর্ণ, কত ভাষায় তিনি সৃষ্টি করেছেন। শুধু একমাত্র ইসলাম ধর্মই তাঁর মনোনীত ধর্ম। মুসলমানরাই তাঁর প্রিয় বান্দা। যদি

পরকালে মুক্তি চাও এবং সফলতা চাও, তা হলে মুসলমান না হয়ে, ইসলাম পালন না করে মৃত্যুবরণ করো না।

মানুষ

সৃষ্টিকর্তা আল্লাহ তায়ালার সর্বশ্রেষ্ঠ সৃষ্টি মানুষ। মানুষকে আল্লাহ তায়ালা যাবতীয় গুণ দিয়ে, মেধা দিয়ে সৃষ্টি করেছেন। পাশাপাশি দিয়েছেন রিপু নামের একটি দোষ ও শয়তান। যে মেধা দিয়ে, ইচ্ছাশক্তি দিয়ে গুণাবলি অর্জন করে নিজের চরিত্র প্রতিষ্ঠা করতে পারে, সে রিপু ও শয়তানকে পরাস্ত করতে পারে। আল্লাহই তাকে সাহায্য করেন। সে ইবাদতবন্দেগি করে দুনিয়া ও আখেরাতে সফল জিন্দেগি লাভ করতে পারে এবং আল্লাহর প্রিয় পাত্র হতে পারে।

তবে সমস্ত বান্দার হক অবশ্যই আদায় করতে হবে। মা-বাবা, ভাইবোন, আত্মীয়স্বজন, পাড়াপ্রতিবেশী কাউকেই কোনো কষ্ট দেওয়া যাবে না। এমনকি অমুসলিমদের সাথেও সদ্ব্যবহার করতে হবে। তাদের দেওয়া কষ্টও অম্লান বদনে সহ্য করতে হবে।

আমাদের রাসুল সাল্লাল্লাহু আলাইহি ওয়াসাল্লামকে হত্যা করতে আসা দুশমনও তাঁর ক্ষমা পেয়েছে এবং তাঁর মহৎ গুণে মুগ্ধ হয়ে অনেক কাফেরও ইসলামের সুশীতল ছায়ায় আশ্রয় গ্রহণ করেছে এবং চিরস্থায়ী দোজখের আগুন থেকে মুক্তি লাভ করেছে।

আমরা মুসলমান। আল্লাহ তায়ালা আমাদের মুসলমান বানিয়েছেন, তাই আমাদের সকলকে তাঁর দরবারে শুকরিয়া গুজার বান্দা হতে হবে। আমরা সকলেই যেন মানুষের মতো মানুষ হতে পারি এই দোয়া করি। আমিন।

মুসাফির

যুগের সাথে মানুষ হারিয়ে যায়। মানুষ কবরে চলে যাচ্ছে আর তার বংশধর রেখে যাচ্ছে। সেই বংশধররাও আবার তাদের সন্তানসন্ততি রেখে চলে যাচ্ছে। এমনই চলছে প্রত্যেক পরিবারে। কেউই দুনিয়ায় থাকতে পারছে না। সবই আল্লাহর বিধান।

আদিকাল থেকে কত মানুষ এই দুনিয়ায় আসছে আর মৃত্যুর পর কবরে চলে যাচ্ছে, তার কোনো হিসাব নেই। এই দুনিয়াটা মানুষের জন্য মুসাফিরখানা। কিছুদিন জিন্দেগির পরই চলে যেতে হয়। তাই এই দুনিয়াটাকে মুসাফিরখানা ছাড়া আর কী বলা যায়? আজ পর্যন্ত কেউই মৃত্যু থেকে আত্মরক্ষা করতে পারে নাই। বড়োজোর ষাট-সত্তর-আশি-নব্বই, বেশি হলে একশ বছর বাঁচে মানুষ।

মুসলমানদের এই দুনিয়ার জিন্দেগিটাকে সুবর্ণ সুযোগ মনে করে চিরস্থায়ী পরকালের জন্য পাথেয় সংগ্রহ করতে হবে ও জমা করতে হবে; অর্থাৎ নেকি অর্জন করে আল্লাহ পাকের দরবারে পাঠাতে হবে। সময় একটুও নষ্ট করা যাবে না। অমুসলমানরা এই জিন্দেগিতে যা চায় তা করতে পারে কিন্তু মুসলমানদের সেই সুযোগ নেই। হেলায় সময় নষ্ট করলে খুবই বোকামি করবে। মৃত্যুর পর শুধু হায় আফসোস, হায় আফসোস করবে।

হাশরের বিচারের পর চিরস্থায়ী জান্নাত অথবা জাহান্নামে প্রবেশ করতে হবে। সব আল্লাহ তায়ালার বিধান। মানুষ খুবই অসহায়, তাদেরকে যতটুকু জ্ঞানবুদ্ধি দান করেছেন এর বেশি তার কিছু করার শক্তি নেই।

আল্লাহ তায়ালা মানুষকে কেন এই দুনিয়ায় পাঠিয়েছেন? নিশ্চয়ই কোনো উদ্দেশ্যে পাঠিয়েছেন। সেটা হলো মানুষের জন্য এই দুনিয়াটা একটা পরীক্ষাকেন্দ্র। কে কী করে, কে শয়তানের পথে চলে, কে আল্লাহ তায়ালার আদেশ-নিষেধ মেনে চলে সেটারই পরীক্ষা। সেই

জন্যই তিনি মানুষকে জ্ঞান, বুদ্ধি, বিবেক, বিবেচনা, ভালোমন্দ বুঝে চলার ক্ষমতা দিয়ে পাঠিয়েছেন। মৃত্যুর পর আর কিছুই করা যাবে না।

কতগুলো বিপজ্জনক ঘাঁটি আছে। মৃত্যু হলো প্রথম ঘাঁটি। মৃত্যুর সময় মনে হবে যে তার ওপর যেন কেয়ামত নেমে আসছে। তারপর আছে কবরের আজাব, হাশরের মাঠের আজাব, পুলসিরাতের আজাব। আরও কত ঘাঁটি আছে আল্লাহই ভালো জানেন। বিচারের পর কেউ যাবে বেহেশতে, কেউ যাবে দোজখে। সেটা হবে চিরস্থায়ী জিন্দেগি। আমরা সবাই মোটামুটি জানি জান্নাত কাকে বলে, জাহান্নাম কাকে বলে।

এই মুসাফিরি ক্ষুদ্র জিন্দেগিতে আমাদের কর্তব্য কী চিন্তা করতে হবে ও বুঝতে হবে। শয়তানের পথ ও প্ররোচনা সম্পূর্ণ ত্যাগ করতে হবে এবং সাবধান থাকতে হবে যেন গুনাহ না করি, আল্লাহ তায়ালার আদেশ-নির্দেশ সম্পূর্ণ মেনে চলতে পারি ও নবি করিম সাল্লাল্লাহু আলাইহি ওয়াসাল্লামের জীবন অনুসরণ ও অনুকরণ করে জিন্দেগি কাটাতে পারি।

সব সময় নামাজের পরে দোয়া করতে হবে। আল্লাহ তায়ালার কাছে দোয়া করতে হবে, আমরা যেন ক্ষুদ্র জিন্দেগিতে সফল হতে পারি এবং পরকালে চিরস্থায়ী সুখশান্তি লাভ করতে পারি। নিশ্চয়ই দয়াল মাবুদ দোয়া কবুল করবেন। আশা করি আমরা পরীক্ষায় পাশ করব ইনশাল্লাহ।

মুমিনদের জন্য এই দুনিয়াটা হলো জেলখানা আর কাফেরদের জন্য হলো বেহেশত। এই দুনিয়ায় যত দুঃখ-কষ্ট বিপদ-আপদই হোক না কেন, পরকালের আজাব এর তুলনায় কিছুই না। আর যত সুখশান্তি আরাম-আয়েশই হোক না কেন, পরকালের সুখশান্তির তুলনায় কিছুই না।

আল্লাহ তায়ালা কুরআন শরীফে বান্দাদের সতর্ক করে দিয়েছেন—তোমরা শয়তানের পথে যেয়ো না, সে তোমাদের প্রধান শত্রু। তারপরও আমরা এমনই বোকা ও অবুঝ যে, আল্লাহর বাণী ভুলে যাই এবং শয়তানের পথে চলি। এক বুজুর্গ পরকালের তুলনায় এই জিন্দেগিকে চোখের পলকের সমান বলেছেন।

চিরস্থায়ী শান্তির একটাই মাত্র পথ

ইসলাম ধর্ম গ্রহণ করে মুসলমান হয়ে, তারপর দ্বিন-ধর্ম শিক্ষা করে মজবুত ইমান গড়ে তুলতে হবে। আল্লাহ তায়ালার সঙ্গে অটুট সম্পর্ক রেখে রাসুলুল্লাহ সাল্লাল্লাহু আলাইহি ওয়াসাল্লামের জীবন অনুসরণ করে জীবন কাটাতে হবে। তা হলেই এই ক্ষুদ্র জীবন সফল হবে।

কুরআন হাদিস পড়ে বুঝে সেই মোতাবেক চলতে হবে। প্রত্যেক নামাজের পর তওবা করবে। সর্বদা মুখে আল্লাহর জিকির করবে। সুবহানাল্লাহ, আলহামদুলিল্লাহ, আল্লাহু আকবার, আস্তাগফিরুল্লাহ, কলেমা তাইয়েবা ইত্যাদি পাঠ করবে। তা হলে শয়তানও পাত্তা পাবে না।

অমুসলমানদের পরকালে খুবই আফসোসের কারণ হবে যে কেন দুনিয়ায় মুসলমান হয় নাই।

আমাদের দুনিয়া ও আখেরাত দুটোকেই ভালোবাসতে হবে। মোনাজাতে আছে :

$$\text{رَبَّنَآ ءَاتِنَا فِى ٱلدُّنْيَا حَسَنَةً وَفِى ٱلْءَاخِرَةِ حَسَنَةً وَقِنَا عَذَابَ ٱلنَّارِ}$$

রাব্বানা আতিনা ফিদ দুনিয়া হাসানাতাও ওয়াফিল আখিরাতি হাসানাতাও ওয়াকিনা আজাবান্নার।

হে প্রভু, আমাদেরকে দুনিয়াতেও কল্যাণ দান করুন এবং আখেরাতেও কল্যাণ দান করুন এবং দোজখের আজাব থেকে রক্ষা করুন। (কুরআন ২: ২০১)

পরিবার-পরিজনদের অতিরিক্ত ভালোবাসা বর্জনীয়

এই দুনিয়ায় সংসার ও পরিবার-পরিজনকে ততটুকুই ভালোবাসবে যতটুকু দরকার। নতুবা আল্লাহর নাফরমানিতে জড়িয়ে পড়ার সম্ভাবনা রয়েছে। আল্লাহ তায়ালাই আমাদেরকে পরিবার-পরিজন দিয়েছেন। তিনিই এদের মালিক এবং রুজিদাতা। অতএব এদের কারণে দোজখে যেয়ো না। পরকালকে বেশি ভালোবাসতে হবে আর বেশি বেশি নেকি অর্জন করে আল্লাহ তায়ালার দরবারে পাঠাতে হবে। তবেই জীবন সফল হবে।

মৃত্যুকে স্মরণ করা

দিনের মধ্যে যতটা সম্ভব হয় মৃত্যুকে স্মরণ করবে এবং আল্লাহ তায়ালার কাছে সহজ মৃত্যু কামনা করবে।

যৌবনকালের ইবাদত

ইবাদতের ব্যাপারে আরেকটা গুরুত্বপূর্ণ কথা এই যে যৌবনকালের ইবাদতই আল্লাহ তায়ালার কাছে পছন্দনীয়। এটাই উৎকৃষ্ট সময়। কেননা বার্ধক্যে পৌঁছানোর তো কারও কোনো নিশ্চয়তা নেই।

ইবাদতের ওপর কয়েকটা কথা

অজু

নামাজের অজু করার সময় মনে মনে নিয়ত করবে : আমি আল্লাহর ওয়াস্তে নামাজের জন্য পবিত্রতার জন্য অজু করছি। অজুর পর কলেমা শাহাদাত পড়বে। এতে খুবই সওয়াব এবং মরতবা রয়েছে।

নামাজ

ইমান গড়ার পর নামাজ কায়েম করতে হবে। ইসলামের স্তম্ভগুলোর মাঝে নামাজ হলো দ্বিতীয়। নামাজ হলো বেহেশতের সার্টিফিকেট। এক ওয়াক্ত নামাজ ছাড়া যাবে না। বুজুর্গদের মধ্যে অনেকে মত দিয়েছেন যে, কেউ এক ওয়াক্ত নামাজ ছাড়লে সে আর মুসলমান থাকবে না।

কাজেই আমাদের সকলকে সাবধান থাকতে হবে। অনেকেই অল্পবয়সের সময় নামাজ পড়ে না। বয়স বাড়লে ইচ্ছামতো নামাজ পড়ে। অনেকে চার ওয়াক্ত নামাজ পড়লে ফজরের ওয়াক্তে উঠে নামাজ পড়ে না। অনেক বেলা করে উঠে তখন পড়ে। কিন্তু সকালে যদি বাইরে কোনো দরকারি কাজ থাকে তা হলে অবশ্যই উঠে পড়ে।

এই দুনিয়ার সমস্ত কাজ অপেক্ষা আল্লাহ তায়ালার আদেশ-নিষেধকে গুরুত্ব দিয়ে যথাসময়ে সন্তুষ্ট চিত্তে পালন করতে হবে।

দিনরাত্রি চব্বিশ ঘণ্টার মধ্যে পাঁচ ওয়াক্ত নামাজে দুই ঘণ্টাও লাগে না। অসুখবিসুখে অজু করলে শরীরের ক্ষতি হলে তিনি তায়াম্মুমের ব্যবস্থা রেখেছেন।

নামাজের জন্য অর্থ বুঝে বুঝে শুদ্ধভাবে আট-দশটি সুরা শিখবে ও মুখস্থ করবে। নামাজে খুবই বিনীতভাবে দাঁড়াবে ও সুরা পড়বে। মনে মনে অর্থগুলো স্মরণ করবে। তা হলে মনোযোগ নষ্ট হবে না। আরও ভাববে, আমি আল্লাহ তায়ালাকে দেখছি। এটা না পারলে ভাববে, আল্লাহ তায়ালা আমাকে দেখছেন।

নামাজের মধ্যে সেজদা হলো আল্লাহ তায়ালার খুবই নিকটবর্তী হওয়া। তখন যা চাওয়া যায় তাই তিনি কবুল করবেন।

ওয়াজিব ও সুন্নতে মুয়াক্কাদা অবশ্যই আদায় করতে হবে। না হয় গুনাহ হবে। আল্লাহ তায়ালা যখন যেভাবে আমাদের রাখেন, সর্বাবস্থায় আমাদের দিন কাটাতে হবে। নাশুকরি করা যাবে না। .অনেক প্রিয় বান্দাকে তিনি রোগশোক ও বালামুসিবত দিয়ে পরীক্ষা করতে পারেন। তখন সন্তুষ্ট চিত্তে ধৈর্য ধরলে অনেক পুরস্কার পাওয়া যাবে ইনশাল্লাহ।

আরও একটি ফরজ অবশ্যই পালন করতে হবে। তা হলো পর্দা করা। নামাজ যেমন ফরজ, পর্দা করাও তেমন ফরজ। মহিলাদের মাথা থেকে হাঁটু পর্যন্ত ঢেকে তারপর পুরুষদের সামনে যেতে হবে। শুধু মাথা ঢাকলে হবে না। যারা শুধু চোখ দুটো খোলা রেখে বোরকা পরে এবং খুব দরকার ছাড়া কারও সামনে যায় না, তারাই আসল পর্দা করে।

পুরুষদেরও পর্দা করতে হবে। কোনো পরনারীর দিকে তাকাবে না, নির্জনে কাছে বসবে না, কথা বলবে না।

আমরা যদি সুষ্ঠুভাবে আন্তরিকতার সহিত ফরজগুলো আদায় করতে পারি, শয়তানের প্ররোচনায় পাপের পথে না যাই, তবে সফলতা লাভ করব। আল্লাহর রহমতে বেহেশতবাসী হবো ইনশাল্লাহ।

আল্লাহ তায়ালা যেমন দয়াময় ও করুণাময়, তেমনই তাঁর নাফরমান বান্দাদের প্রতি কঠোর এবং ভয়ংকর শাস্তিদাতা। কাজেই আমাদের সব সময় তাঁর রহমতের আশা করতে হবে এবং তাঁর দেওয়া আজাবের ভয় করতে হবে।

হজ্ব ও জাকাত

তারপর আছে হজ্ব ও জাকাত। যার জাকাতের নেসাব পরিমাণ টাকাপয়সা আছে তাকে বছরে একবার চল্লিশ ভাগের এক ভাগ নিঃস্ব গরিবদের দান করতে হবে।

যারা অনেক ধনী তাদের ওপর হজ্ব ফরজ। জীবনে একবার হজ্ব করলেই তার ফরজ আদায় হয়ে যাবে। আর করতে হবে না। তবে নফল ইবাদত হিসেবে করলে অনেক সওয়াব পাবে।

দয়াময় আল্লাহ তায়ালা বান্দাদের পরকালে মুক্তির জন্য, বেহেশত লাভের জন্য কুরআনে খুবই সহজসরল পথ দেখিয়েছেন। তারপরও অনেক বান্দা সৃষ্টিকর্তার আদেশ-নিষেধ পালন করে না। শয়তানের প্ররোচনায় পাপের পথে চলে, দোজখের পথে চলে।

হালাল উপার্জন

যদি ফরজগুলো যথানিয়মে আন্তরিকতার সহিত কেউ আদায় করতে পারে তবে আশা করা যায় ইনশাআল্লাহ তার বেহেশত নসিব হবে। তবে শর্ত হলো রিজিক হালাল হওয়া।

হালাল উপার্জন কবুল হওয়ার মতো ইবাদত-বন্দেগি করতে চাইলে হালাল উপার্জন হলো প্রথম ও প্রধান শর্ত। পরিবার-পরিজন নিয়ে খাওয়া-পড়ার জন্য যাতে উপযুক্ত উপার্জন হয়, কারও কাছে হাত পাততে না হয়, ঋণ না হয় তা হলেই যথেষ্ট। আল্লাহ তায়ালার কাছে

শোকর গুজার করবে ও সন্তুষ্ট থাকবে। কোনোদিন ধনী হওয়ার চিন্তা করবে না, চেষ্টাও করবে না। অন্যদের ধনসম্পদ ও জাঁকজমক দেখে কোনো লোভ করবে না।

কত মানুষ এ দুনিয়ায় কতরকম ধনসম্পদ রেখে মৃত্যুবরণ করেছে। সঙ্গে কিছুই নিতে পারে না। ধনসম্পদের এক পয়সা দাম নেই। পরের জন্যই সব কামায় ও জমা করে। এগুলো চিন্তা করলেই বুঝতে পারবে আর মনে শান্তি পাবে।

অপব্যয় ও অপচয় করবে না। পোশাক বা জামাকাপড় দুটো কি তিনটার বেশি রাখবে না।

বিষয়টি এই যে, মানুষকে আল্লাহ তায়ালা যত গুণাবলি দিয়ে সৃষ্টি করেছেন, ইবলিশ শয়তানকে অবশ্যই তা দেননি। মানুষকে জ্ঞান, বুদ্ধি, মেধা, বিবেক-বিবেচনা, ভালোমন্দ বুঝে চলার ক্ষমতা দান করেছেন। শয়তানকে যদি এই গুণাবলি দেয়া হতো তা হলে সমস্ত সৃষ্টির ও আল্লাহ তায়ালার লানতের পাপ হতো না। তবে তাকে মানুষের ভিতরে ঢুকে রগে রগে চলার, মন্দ কাজের প্ররোচনা দিয়ে পাপ করার ও দোযখের পথে নেওয়ার শক্তি-সামর্থ্য দিয়েছেন। যার ফলে মুসলমানরা বড়ো বড়ো ভুল করে দোজখের পথে চলছে।

আশ্চর্যের বিষয় হলো, তারা জানে যে হারাম উপার্জন করলে, খাওয়া-পড়ায় হারামের কিছু অংশ থাকলে কোনো ইবাদত কবুল হবে না। দান-খয়রাত করলেও কোনো সওয়াব হবে না। তারপরও মানুষ শয়তানের প্ররোচনায় হালাল-হারামের কোনো বাছবিচার করে না। সকল মুসলমানকে আল্লাহ তায়ালা হালাল উপার্জন করার তৌফিক দান করুন এবং হারাম উপার্জন থেকে রক্ষা করুন।

তওবা

ছোটো ছোটো সগিরা গুনাহ হয়ে যাওয়া অস্বাভাবিক নয়। গুনাহ হওয়ামাত্রই খাঁটি তওবা করে করে পাপ না করার ওয়াদা করতে হবে। আল্লাহ তায়ালার কাছে বান্দা তওবা করলে তিনি খুশি হন ও নেকি বাড়িয়ে দেন।

নেকি অর্জন করো, নিজেকে সাহায্য করো

নেকি সম্পর্কে আরও কয়েকটা কথা বলা প্রয়োজন মনে করছি। হাশরের দিন বিচারের মাঠে মানুষ একটি নেকির জন্য হাহাকার করে আত্মীয়স্বজন ও বন্ধুবান্ধবের কাছে ঘুরবে কিন্তু একটি নেকিও কোথাও পাবে না। তখন টাকাপয়সা, দুনিয়ার ধনদৌলতের কোনো মূল্যই থাকবে না। এই জন্য এই জগতে এখলাসের সাথে যে যত নফল ইবাদত করতে পারে তার তত লাভ হবে।

কুরআন শরিফ শুদ্ধভাবে পড়তে পারলে এক এক অক্ষরে দশটি করে নেকি পাওয়া যায়। এই জন্য এলেম শিক্ষা করা এবং উপযুক্ত ধর্মীয় জ্ঞান অর্জন করা ফরজ। অতএব কুরআন হাদিস অর্থসহ বুঝে বুঝে পড়বে এবং আল্লাহ তায়ালার যাবতীয় আদেশ-নিষেধ অন্তর থেকে গ্রহণ করবে এবং মেনে চলবে। মাঝে মাঝে দরকার পড়লে কোনো আলেমের কাছে জিজ্ঞেস করে বুঝে নেবে।

যারা গভীর রাত্রে ঘুম থেকে উঠে তাহাজ্জুদ নামাজ পড়ে, জিকির করে, আল্লাহ তায়ালার ধ্যান করে কান্নাকাটি করে, তওবা করে, তাদের জিন্দেগি সফল ও সার্থক। সকল মুসলমানকে আল্লাহ তায়ালা সেই তৌফিক দান করুন।

রীতিমতো নফল ইবাদত করে অতি সহজেই পরকালের সঞ্চয় ভারী করা যায়। দয়াময় মাবুদ আমাদের সকলকে সেই তৌফিক দান

করুন। প্রত্যেকদিন ফজরের নামাজের পর সুরা ইয়াসিন ও সুরা আর-রহমান পড়বে। কোনো অসৎ মহিলা ও অসৎ পুরুষ এবং শয়তানের পথ হতে দূরে থাকবে। তা হলে নেকি অর্জনে আগ্রহ বাড়বে ইনশাআল্লাহ।

সহজে নেকি অর্জনের কিছু উপদেশ

আমরা ইচ্ছা করলেই দৈনিক অনেক নেকি অর্জন করতে পারি, আল্লাহ তায়ালার দরবারে নেকির পাহাড় জমাতে পারি। এই ব্যাপারে নিচে কয়েকটি সহজ উপদেশ লিখলাম:

১. প্রত্যেক খাবারের প্রথমে *বিসমিল্লাহ* বলবে। শুরুতে ভুলে গেলে মনে হওয়ার সাথে সাথে পড়বে:

   بِسْمِ اللهِ أَوَّلَهُ وَآخِرَهُ

   বিসমিল্লাহি আওয়ালাহু ওয়া আখিরাহু।

   আল্লাহর নামে শুরু করছি, প্রথম থেকে শেষ পর্যন্ত। (আবু দাউদ)

২. খাওয়ার পরে পড়বে:

   الْحَمْدُ لِلَّهِ الَّذِي أَطْعَمَنَا وَسَقَانَا وَجَعَلَنَا مُسْلِمِينَ

   আলহামদু লিল্লাহিল্লাযি আতআমানা ওয়া ছাকানা ওয়া জাআলানা মিনাল মুসলিমীন।

   সমস্ত প্রশংসা আল্লাহর, যিনি আমাদেরকে খেতে দিয়েছেন, তৃষ্ণা মিটিয়েছেন এবং মুসলমান বানিয়েছেন।

৩. পানি ডান হাতে নিয়ে এবং বসে পান করবে। প্রথমে *বিসমিল্লাহ* বলে এক শ্বাসে তিন ঢোক পানি পান করে গ্লাস হতে মুখ সরিয়ে *আলহামদুলিল্লাহ* বলবে, তারপর আবারও একসাথে তিন ঢোকে

পানি পান করে মুখ সরিয়ে *আলহামদুলিল্লাহ* বলবে, তারপর আবারও এক শ্বাসে তিন ঢোক পান করে মুখ সরিয়ে *আলহামদুলিল্লাহ* বলবে। এভাবে তিনবারে পানি খাওয়া শেষ করবে।

৪. বাহির থেকে ঘরে ঢুকলেই *আসসালামু আলাইকুম* বলবে।

৫. আত্মীয়স্বজন যার সাথেই সাক্ষাৎ হয় *আসসালামু আলাইকুম ওয়া রাহমাতুল্লাহ* বলবে।

৬. আল্লাহ তায়ালার পরেই পিতামাতাকে ভালোবাসবে। তাদের খেদমত করে সন্তুষ্ট রাখবে। বিনীত ও নম্র ব্যবহার করবে।

৭. ছোটোদের স্নেহ করবে ও বড়োদের শ্রদ্ধা করবে।

৮. আচারব্যবহারে কাউকে কষ্ট দেবে না। সবার সাথে সদ্ব্যবহার করবে। কেউ অন্যায় করলে ক্ষমা করবে। যদি কেউ বেশি মানসিক কষ্ট দেয় তা হলে আল্লাহর কাছে মুক্তি চাইবে। আল্লাহ তায়ালা নিশ্চয়ই শান্তি দেবেন।

৯. নিজ সন্তানদের ইসলামি রীতি শিক্ষা দেবে এবং সেই মতে চালাবে। স্কুল-কলেজে পড়লেও দরকারি এলেম, ধর্মীয় জ্ঞান অবশ্যই শিক্ষা দেবে।

১০. সময়সুযোগ থাকলে পাঁচ ওয়াক্ত নামাজের পর তসবি পাঠ করবে। ফজরের পর *হুয়াল হাইয়ুল কাইয়ুম*, জোহরের পর *হুয়াল আলিইউল আজিম*, আসরের পর *হুয়ার রাহমানুর রাহিম*, মাগরিবের পর *হুয়াল গাফুরুর রাহিম*, এশার পর *হুয়াল লাতিফুল খাবির* বলবে। তার আগে *সুবাহানাল্লাহ, আলহামদুলিল্লাহ, আল্লাহু আকবার, লা ইলাহা ইল্লাল্লাহ* একশবার পড়ে *আস্তাগফিরুল্লা*

হিল্লাজি লা ইলাহা ইল্লা হুয়া আতুবু ইলাইহি পড়ে তারপর যে-কোনো দরুদ শরিফ একশবার পড়বে। (ভুলত্রুটি বই দেখে শুদ্ধ করে নেবে)

১১. তারপর সময় পেলেই তিন তাসবি পাঠ করবে, যেমন : *সুবহানাল্লাহ, আলহামদুলিল্লাহ, আল্লাহু আকবার, লা ইলাহা ইল্লাল্লাহ* একশবার, তারপর *আস্তাগফিরুল্লাহ রাব্বি মিন কুল্লি জাম্বিউ ওয়া আতুবু ইলাইহি* পড়বে। তারপর যে-কোনো দরুদ শরিফ পড়বে একশবার।

১২. সিঁড়ি দিয়ে ওপরে উঠতে *আল্লাহু আকবার*, নিচে নামতে *সুবহানাল্লাহ*, সমান জায়গায় হাঁটতে *লা ইলাহা ইল্লাল্লাহ* বলবে।

১৩. কয়েকবার করে সব সময় মুখে আল্লাহ তায়ালার জিকির, *আল্লাহু লা ইলাহা ইল্লাল্লাহ* জারি রাখার চেষ্টা করবে।

দৈনন্দিন নেকি অর্জনের এই কাজগুলি সব সময় মনে রেখে পালন করবে। শয়তান যেন ভোলাতে না পারে। সে চায়না যে মানুষ নেকি অর্জন করুক।

মৃতদের জন্য দোয়া

আমাদের প্রাণপ্রিয় নবি হজরত মুহাম্মদ সাল্লালাহু আলাইহি ওয়াসাল্লাম। হেদায়াতের রবি, সকল মুসলমানের সর্দার। আল্লাহ তায়ালার পরে তাঁকেই আমাদের বেশি ভালোবাসতে হবে। তাঁর জীবনী পাঠ করে তাঁকেই অনুসরণ-অনুকরণ করে আমাদের জিন্দেগি চালাতে হবে। দরুদ শরিফ পড়া খুবই সওয়াব ও মরতবা। বেশি বেশি দরুদ ও সালাম পাঠ করে তাঁর পবিত্র রুহের ওপর বখশে দিলে হাশরের

মাঠে তাঁর শাফায়াত পাওয়া যাবে ইনশাল্লাহ। তাঁর পরিবার-পরিজনদের এবং সাহাবাদের ওপরেও দরুদ ও সালাম বখশে দিবে।

নিজের পিতামাতা, ভাইবোন, আত্মীয়স্বজন ও সমস্ত মুমিন-মুমেনাতের রুহের ওপর আস্তাগফিরুল্লাহ পড়ে যতটুকু পারা যায় কুরআন শরিফের কিছু সুরা বা অংশ পাঠ করে তাদের রুহের ওপর বখশে দিবে। তারা সর্বদাই জগৎবাসীর কাছে এই আশায় অপেক্ষা করেন।

প্রত্যেক বছর রমজান মাসে এক খতম কুরআন শরিফ পড়বে ও বাকি এগারো মাসে এক খতম, দুই খতম, তিন খতম যা পারা যায় পড়বে এবং নবি করিম সাল্লাল্লাহু আলাইহি ওয়াসাল্লামের পরিবার-পরিজনদের ওপর, তাঁর সাহাবাদের ওপর আর সমস্ত মুমিন-মুমেনাতের রুহের ওপর বখশে দেবে। বখশে দেওয়ার নিয়ম হলো দোয়ার আগে প্রথমে আল্লাহ তায়ালার প্রশংসার তসবি ও দরুদ শরিফ পড়বে এবং দোয়ার শেষে আবারও তা পড়বে।

আরও কয়েকটা গুরুত্বপূর্ণ দোয়া

আরও কিছু গুরুত্বপূর্ণ দোয়া আমরা নিয়মিত পড়তে পারি; যেমন:

১. اَللّٰهُـمَّ إِنّـِى أَسْأَلُكَ مِـنْ فَضْـلِكَ

আল্লাহুম্মা ইন্নি আসআলুকা মিন ফাদলিক।

হে আল্লাহ, আমার জন্য তোমার সকল অনুগ্রহের দরজা খুলে দাও। (মুসলিম)

২. أَنِّي مَسَّنِيَ ٱلضُّرُّ وَأَنتَ أَرْحَمُ ٱلرَّٰحِمِينَ

আন্নি মাসসানিয়াদ দুররু ওয়া আনতা আর হামার রাহিমিন।

হে আল্লাহ, আমি অনেক কষ্টে আছি। তুমি তো সর্বশ্রেষ্ঠ দয়ালু। (কুরআন ২১: ৮৩)

৩. يا حَيُّ يا قَيّومُ بِرَحْمَتِكِ أَسْتَغيث

ইয়া হাইয়ু ইয়া কাইয়ুম বিরাহমাতিকা আস্তা গিছ।

হে চিরঞ্জীব, হে চিরস্থায়ী, আপনার রহমতের কাছে আমি আশ্রয় প্রার্থনা করছি। (তিরমিজি)

৪. اللَّهُمَّ إِنِّي أَسْأَلُكَ حُبَّكَ وَحُبَّ مَنْ يُحِبُّكَ

আল্লাহুম্মা ইন্নি আসআলুকা হুব্বাকা ওয়া হুব্বা মান ইউ হিব্বুক।

হে আল্লাহ, আমি আপনার ভালোবাসার আশা করছি, এবং তাদের ভালোবাসাও যাদেরকে আপনি ভালোবাসেন। (তিরমিজি)

৫. رَبَّنَا عَلَيْكَ تَوَكَّلْنَا وَإِلَيْكَ أَنَبْنَا وَإِلَيْكَ ٱلْمَصِيرُ

রাব্বানা আলাইকা তাওয়াক্কাল না ওয়া ইলাইকা আনাবনা ওয়া ইলাইকাল মাসির।

হে প্রভু, আপনারই ওপর আমাদেরকে সোপর্দ করছি, আপনারই দিকে আমরা আবর্তন করছি এবং আপনারই কাছে আমাদের সর্বশেষ প্রত্যাবর্তন। (কুরআন ৬০:৪)

৬. رَبَّنَا لَا تَجۡعَلۡنَا فِتۡنَةٗ لِّلَّذِينَ كَفَرُواْ وَٱغۡفِرۡ لَنَا رَبَّنَآۖ إِنَّكَ أَنتَ ٱلۡعَزِيزُ ٱلۡحَكِيمُ

রাব্বানা লা তাজ আলনা ফিতনাতাল লিল্লাজি না কাফারু, ওয়াগফির লানা রাব্বানা ইন্নাকা আনতাল আজিজুল হাকিম।

হে আমাদের পালনকর্তা, আপনি আমাদেরকে কাফেরদের জন্য পরীক্ষার পাত্র করবেন না। হে আমাদের পালনকর্তা, আমাদেরকে ক্ষমা করুন। নিশ্চয় আপনি পরাক্রমশালী, প্রজ্ঞাময়। (কুরআন ৬০: ৫)

দেশ-বিদেশ

ব্রিটিশ খেদাও আন্দোলন

আমার শৈশবকাল। কত বৎসর বয়স ছিল জানা নেই। কত সাল বা সন ছিল তাও জানা নেই। নবাব আলীবর্দী খাঁর মৃত্যুর পর নবাব সিরাজউদ্দৌলার আমলে ব্রিটিশরা তার কাছে অনুমতি চায় তার দেশে অর্থাৎ ভারতবর্ষে এসে ব্যাবসাবাণিজ্য করার জন্য। সিরাজউদ্দৌলা হয়তো সরল মনেই অনুমতি দেয়। তারপর তারা এমনভাবে দেশটা দখল করে নেয় যে নবাব আর কিছুই করতে পারে নাই। তারা নবাবের বিরুদ্ধে যুদ্ধ করে। নবাব হেরে যায়। নবাবকে হত্যা করে তারা বিশাল ভারতবর্ষ দখল করে নেয়।

দুইশ বছর রাজত্ব করার পর ব্রিটিশ খেদাও আন্দোলন আরম্ভ হয়। হিন্দু, মুসলমান ও যত জাতি আছে সবাই আন্দোলনে যোগ দেয়। এমনকি বিশিষ্ট আলেমরা অনেকে এতে যোগ দেন। শেষে তারা এই দেশ ছাড়তে বাধ্য হয়। হিন্দু ও মুসলমানদের মধ্যে এই বিশাল ভারতকে টুকরো টুকরো করে ভাগ করে দিয়ে যায়।

কিন্তু জালেম ব্রিটিশরা মুসলমানদের ঠকায়। ছোটো ছোটো দু-খণ্ড দেশ মুসলমানদের দেয়। মাঝখানে থাকে অন্য দেশ। নাম হয় পূর্ব পাকিস্তান ও পশ্চিম পাকিস্তান। মুসলমান বাদশাহদের সব বড়ো বড়ো কীর্তি ও নির্মাণ হিন্দুদের ভাগে পড়ে। ব্রিটিশদের ষড়যন্ত্রের কারণে

বিশাল ভারত হিন্দুদের ভাগ্যেই পড়ে যায়। মূলত ইহুদি-খ্রিষ্টানরা হলো মুসলমানদের চির দুশমন।

এসব ইতিহাস বর্তমানে দেখিও না, শুনিও না। কালের পাতা থেকে কি এই ইতিহাস মুছে গেল?

বাংলাদেশের জন্ম

ইংরেজরা তবুও দেশের কিছুটা উন্নতি করেছিল। কিন্তু পরবর্তীতে শেখ মুজিব আন্দোলন করে পূর্ব পাকিস্তানকে বাংলাদেশ বানাল। পাকিস্তান আমলে মানুষ অনেক সুখে ছিল কিন্তু আওয়ামী লীগ বলত পশ্চিম পাকিস্তানিরা পূর্ব পাকিস্তানের সব সম্পদ চুষে নিচ্ছে। দেশকে স্বাধীন করতে হবে। তখন ভারতের প্রধানমন্ত্রী ছিল ইন্দিরা গান্ধি। শেখ মুজিবের আন্দোলনে সে খুব সাহায্য-সহযোগিতা করে। বাংলাদেশের জন্ম হয়। তারপর থেকেই আওয়ামী লীগ ভারতের সম্পূর্ণ তাঁবেদার হয়ে যায়।

দুর্নীতি ও অধঃপতন

আওয়ামী শাসনের ফলে দেশটা অধঃপাতের নিম্নস্তরে পতিত হলো। ঐ শাসন দেশটির কোনো উন্নতি করতে পারেনি। স্বেচ্ছাচারিতার ফলে শেখ মুজিব সপরিবারে নিহত হয়। রেখে যায় দুটি মেয়ে। তারা ছিল দেশের বাইরে। বড়ো মেয়ে হাসিনা বর্তমানে বাংলাদেশের প্রধানমন্ত্রী ও কর্তা। তার ইচ্ছামতোই আইনকানুন হয়। ইসলামি আইনকানুন নেই। কোনো আলেমও প্রতিবাদ করতে পারে না। প্রতিবাদ করলেই জেলে ঢোকায়। নাম মাত্র ইলেকশন দেয়। কারচুপি করে সব ভোট সে-ই পায়। দুর্নীতিবাজ অনেক মানুষই তার বাধ্য। মনে করে সে চিরস্থায়ী, মরতে হবে না, আল্লাহ তায়ালার সামনে দাঁড়িয়ে জবাবদিহি

করতে হবে না। দেশটা অধঃপাতে নেওয়ার বাকি কাজগুলি করার জন্যই সে যেন বেঁচে গিয়েছিল। অনেক হিন্দু বাংলাদেশে চলে আসে। তারাই বড়ো বড়ো পদে পোস্টিং পায়।

কেউ কোনো আইন মানে না। জিনিসপত্রের দাম হু-হু করে বেড়েই চলেছে। পাকিস্তান আমলে একটা ডলার ও একটা টাকা সমান ছিল। কিন্তু বর্তমানে এক ডলারের সমান একশ টাকা বা আরও বেশি। চরিত্রবান মানুষ খুবই কম দেখা যায়। সুদ-ঘুস সমানে চলছে। ধর্মের ধার ধারছে না। গ্রামে-গঞ্জে এমনই দশা যে গরিবরা অভাবে পড়ে মরলেও তাদেরকে দান করে না। সুদ ছাড়া একটি টাকাও কর্জ দেয় না। দেশের গরিবরা দিন দিন গরিব হচ্ছে আর ধনীদের ধনসম্পদ দিন দিন বাড়ছে।

কেয়ামতের আগ পর্যন্ত দেশটির উন্নতি হবে বলে মনে হয় না। মুসলমানদের ইমান রক্ষা করতে হলে অন্য কোনো মুসলিম দেশে হিজরত করা দরকার।

আমেরিকার জীবন

আমেরিকাকে অনেক দেশ মনে করে দুনিয়ার স্বর্গ। বিশেষ করে বাংলাদেশের মানুষদের এর প্রতি আকর্ষণ অনেক। সুযোগ পেলে আর হাতছাড়া করতে চায় না। ভালো চাকরি বা ব্যাবসা সব ছেড়ে চলে আসে। আমেরিকা যেন একটা ক্ষণস্থায়ী স্বর্গ। কত সুখ-স্বাচ্ছন্দ্য, আরাম-আয়েশ। শীতের দিনে বাথরুমসহ সারা বাড়ি গরম থাকে। হিট চলে। গরমের দিনে সারা বাড়ি এসি চলে, ঠান্ডা থাকে। ষাটোর্ধ্ব বয়স্করা মাসে মাসে ভাতা পায়, ফ্রি চিকিৎসা, ওষুধপত্র সব ফ্রি। ডাক্তার, নার্স, আয়া সবারই ভদ্র ও অমায়িক ব্যবহার, যা বাংলাদেশে কমই দেখা যায়। তারপরও ইনসিওরেন্সের লোকেরা জানতে চায়

আরও কিছু লাগবে নাকি। যার চাকরি বা কাজ নেই সেও দরখাস্ত করলে বেকার ভাতা পায়।

তবে ইংরেজি জানা না থাকলে মুশকিল। ইংরেজি ভাষা শিক্ষা করা ও চর্চা করা স্কুলজীবন থেকেই শুরু করা দরকার। কারণ এটা আন্তর্জাতিক ভাষা। সব দেশেই এটা চলে, যে-কোনো দেশে গেলে এটা দরকার পড়ে।

আমেরিকা হলো আইনের দেশ। সবাইকে আইন মেনে চলতে হয়। পরিষ্কার-পরিচ্ছন্ন। অনেক রাস্তার দুপাশে শত শত গাছের সারি। তারপরও রাস্তায় একটি পাতা পড়ে থাকতে দেখা যায় না। রাস্তার জায়গায় জায়গায় সাইনবোর্ড, তাতে লেখা আছে কত স্পিডে গাড়ি চালাতে হবে। রাস্তার পাশেই ফাঁদ পাতা আছে। বেশি স্পিডে গাড়ি চালালে তাতেই ধরা পড়ে, পুলিশের দরকার নেই। সবাই গাড়িতে চলাচল করে। রাস্তায় হাঁটতে দেখা যায় না। ফকির মিসকিন দেখা যায় না। যারা দানখয়রাত করতে চায়, অন্য দেশে পাঠাতে হয় যেখানে গরিব আছে।

একটা অসুবিধা হলো চাকর-চাকরানী নাই। এক মহিলাকে দেখলাম বাসায় বাসায় সপ্তাহে তিনদিন রান্নাবান্না করে। তারও গাড়ি আছে, বাড়ি আছে। গাড়িতেই চলাচল করে। অনেক বাসায় জনপ্রতি গাড়ি আছে। যার গ্রিনকার্ড হয় নাই সেও ফ্রি চিকিৎসা, ওষুধপত্র পায়।

অনেকে বড়ো বাড়ি করে। অনেক জায়গা থাকে। কোনোরকমের কোনো অসুবিধা নেই, সুন্দর সুন্দর ফার্নিচার, নানা জিনিসপত্র দিয়ে সাজানো গোছানো। দেখলে মনে হয় এটা যেন চিরস্থায়ী বাসস্থান। কোনোদিন ছেড়ে যেতে হবে না।

কিন্তু এখানে হালাল খাওয়া কঠিন ব্যাপার। প্রায় সবাই হারামে জড়ায়ে পড়ে। এখানে বাড়ি করার জন্য বড়ো রকমের লোন দেয়।

ব্যাংক থেকে বহু টাকার লোন নিয়ে বাড়ি করে। আর কিস্তিতে কিস্তিতে শোধ করে। তাতে সুদ দিতে হয়।

যা হোক, আমেরিকায় যত সুখ, আরাম-আয়েশই হোক না কেন, খাঁটি মুমিনরা এই ক্ষণস্থায়ী জিন্দেগিতে এই সুখ চাইবে না। তারা চিরস্থায়ী পরকালের সুখের চেষ্টা করবে, গরিব থাকাই পছন্দ করবে।

আমার কথা হলো, মুসলমানদের নিজের দেশে (মুসলিম দেশে) থাকা খুবই ভালো ও উপকারী। খেয়ে পড়ে দিন চলে যায় এরূপ অবস্থা হলেই আমেরিকা আসার দরকার নেই। এই ক্ষুদ্র জিন্দেগিতে অধিক সম্পদের কোনো দরকার নেই। আল্লাহ তায়ালা গরিবদের পছন্দ করেন, অল্প ইবাদতে বেশি সওয়াব দান করেন। গরিবরা ধনীদের পাঁচশ বছর আগে বেহেশতে যাবে।

যে মুসলমানদের মজবুত পাক্কা ইমান আর আল্লাহ তায়ালার সঙ্গে সুদৃঢ় সম্পর্ক আছে, তারা যদি মনে করে তাদের ধর্মের কোনো ক্ষতি হবে না বরং আরও উন্নতি হবে বা অমুসলিমদের ইসলামের দাওয়াত দিতে পারবে, তা হলে তারা আসতে পারে। সাধারণ দুর্বল ইমানের মুসলমানদের এই দেশে না আসাই ভালো। আল্লাহ তায়ালা মুসলমানদের দুনিয়ার লোভলালসা থেকে রক্ষা করুন এই দোয়া করি।

ইসলামের প্রতি আকর্ষণ

কেন মুসলমান হলাম বইটি পড়লে জানা যায় যে অঢেল ধনসম্পদের মালিক আর বিলাসী জীবনযাপনে থেকেও পশ্চিম বিশ্বে অনেকে মানসিক অশান্তিতে ভোগেন। অফুরন্ত আরাম-আয়েশ থাকা সত্ত্বেও অমুসলমানরা শান্তির খোঁজে হন্যে হয়ে ঘোরে আর সত্য ধর্ম খোঁজে। নিজেদের ধর্মে অসংগতি ও অমিল পেয়ে সন্দিহান হয়ে পড়ে। ইসলাম ধর্ম যে একটা সুন্দর শান্তিপূর্ণ আর সত্য ধর্ম তা কখনোই তাদের কাছে মনে হয়নি। যারা সত্য ধর্মের পথ দেখানোর জন্য আল্লাহর কাছে দোয়া

করেছে তারাই আল্লাহর রহমতে নানাভাবে পথ পেয়ে গেছে এবং মুসলমান হয়ে চিরস্থায়ী শান্তিপূর্ণ জীবন লাভ করেছে, আলহামদুলিল্লাহ। তারা আল্লাহ তায়ালার কাছে কোটি কোটি শুকরিয়া জানচ্ছে। তাদের অতীতের সমস্ত গুনাহ মাফ হয়ে গেছে। নিষ্পাপ বান্দারূপে আল্লাহ তায়ালা তাদেরকে কবুল করেছেন।

ইহুদি-খ্রিষ্টান লেখকরা অনেকেই ইসলাম ধর্মের বদনাম লেখে যে এটা একটা খারাপ ধর্ম। মুসলমানরা সন্ত্রাসী, তলোয়ারের জোরে এই ধর্ম প্রচার হয়েছে ইত্যাদি। আরও নানারূপ কুৎসা প্রচার করে। এসব পড়ে সাধারণ মানুষজন কখনও ভাবতেই পারে না যে ইসলাম একটা সুন্দর সত্য ধর্ম, চিরস্থায়ী শান্তির ধর্ম, আল্লাহ তায়ালাকে পাওয়ার পথ। অনেকেই মা-বাপ, ভাইবোন, সহায়সম্পদ ছেড়ে মুসলমান হয়েছে। অনেকেই মুসলমান হয়ে ধৈর্যের সাথে বুঝিয়ে বুঝিয়ে মা-বাপ, ভাইবোন, আত্মীয়স্বজনের অনেককেই মুসলমান বানিয়েছে। কাউকে স্বামী ও সন্তান ত্যাগ করতে হয়েছে। কারও হয়তো চাকরি চলে গেছে। তাদের এক-একজনের এক-একরকম ঘটনা। শত চেষ্টা করেও তাদের ইমান কেউ টলাতে পারেনি। শত বাধাবিপত্তি সত্ত্বেও তারা খুবই শান্তিতে আছে।

বাংলাতে লেখা *কেন মুসলমান হলাম* এই আট খণ্ডের বইটি আমি বারবার পড়ি। আমার খুব ভালো লাগে। এই ব্যাপারে আরও বই বোধ হয় বের হয়েছে বাংলাদেশে।

ইহুদি-খ্রিষ্টানরা ইসলামের যতই বদনাম করুক আল্লাহ তায়ালার রহমতে অতীতে অনেকেই মুসলমান হয়েছে, বর্তমানেও হচ্ছে এবং ভবিষ্যতেও হবে ইনশাআল্লাহ। কেননা ইসলামেই রয়েছে মানুষের জীবনের শান্তি।

দাদার বাড়ির গল্প

আগ দরিল্লা ও পাছ দরিল্লা

দাদার গ্রামের নাম পাছ দরিল্লা। বাড়ির সামনে অনেক খালি জায়গা। তারপর একটা ছোটো খাল। বর্ষাকালে নৌকা দিয়ে ওপারে যেতে হতো। ওপারে কয়েকটা বাড়ি ছিল। বাড়িগুলোকে বলা হতো পুবের বাড়ি। তারপর বিরাট এলাকা নিয়ে ফসলের জমি। তারপর অনেক খেত জমিজমা। তারপর আরেকটি গ্রাম। নাম আগ দরিল্লা। বাড়ির পশ্চিমদিকের মাঠেই দাদার সমস্ত জমিজমা ছিল।

ধান-পাটের ফসল

তখন ধান ও পাটই ছিল প্রধান ফসল। পাট তো বর্তমানে নাই বললেই চলে। একটা মৌসুম ছিল, পাটশাক সবারই প্রিয় খাদ্য ছিল। খেতে গাছ ছোটো থাকতেই শাক খাওয়া আরম্ভ হতো। গাছ বড়ো হয়ে উপযুক্ত হলেই কেটে আঁটি বেঁধে খালবিলের পানিতে ভিজিয়ে রাখত। কয়েকদিন পর এগুলো থেকে পাট আলাদা করে বাঁশের আরাতে কয়েকদিন শুকাতে হতো। ভেতরের গাছটার নাম ছিল পাটশোলা। এটা ভালো করে শুকিয়ে খড় বানিয়ে রেখে দিত। সারা বছর লাকড়ির কাজ চলত এতে। এখনও মানুষ কিছুটা চাষ করে শাক খাওয়ার জন্য। গাছ 'বাত্তি' হওয়ার পর অনেক পাতা রোদে শুকিয়ে রেখে দিত সারা

বছর খাওয়ার জন্য। পুকুরপাড়ে দুটো বড়ো বড়ো আমগাছ ছিল। চাষিরা খেতে কাজ করে আমগাছের নিচে বসে বিশ্রাম করত। আমের মৌসুমে আমও খেতে পারত।

মরিচ আর সরিষার খেত

বাড়ির কাছের জমিগুলোতে সরিষার চাষ করা হতো। মরিচের চাষ করা হতো। সরিষার খেতে যখন হলুদ ফুল ফুটে খেত ভরে যেত তখন মাঠের সৌন্দর্য যেন বেড়ে যেত। মরিচের খেতে যখন মরিচ পেকে লাল হওয়া আরম্ভ হতো তখন বিকেল হলেই আমাদের অর্থাৎ ছোটো ছেলেমেয়েদের ডাক পড়ত মরিচ তোলার জন্য। এই লাল মরিচ পরে উঠোনে ধারি বিছিয়ে শুকিয়ে সারা বছর রাখা হতো। সরিষাফুলের বড়া ভাতের সাথে সবারই খুব পছন্দনীয় খাবার ছিল।

বিল আর মাছ

চাষের জমির মাঝেই আবার বিল ছিল। বিলভরা ছিল মাছ। বিলের মাঝে চতুর্দিকে বাঁধ দিয়ে মাছ আটকে পানি সেচে ফেলে মাছ মারত। হায়রে মাছ! আল্লাহর অফুরন্ত নেয়ামত। বাড়ির পেছনদিকে একটা পাগার বানিয়ে পানি দিয়ে জিওল মাছগুলো এখানে জিইয়ে রাখা হতো। শিং, মাগুর, কই, লাডি, শোল ইত্যাদিকে জিওল মাছ বলা হয়। আর সমস্ত মাছ উঠানের একপাশে উঁচু করে মাচা বেঁধে শুকাতে হতো। সবাই মিলে মাছ কাটা-ধোয়া করত।

বাড়ির বর্ণনা

বাড়ির কথা যতদূর মনে করতে পারছি ততটুকুই লিখছি। দেওয়ালে ঘেরা বাড়ি, সুন্দর পাকা গেট, বিরাট বড়ো উঠানের চারপাশে ঘর। ঘরের মেঝে মাটির চতুর্দিকে মাটির ধার। কয়দিন পরপর ঘর ও ধার লেপা হতো। দেখতে খুব সুন্দর লাগত। উঠোনে ধারি বিছিয়ে ধান

শুকানো হতো। ধান উঠানে বড়ো চুলা বানিয়ে সিদ্ধ করে শুকিয়ে ঢেঁকিতে ভেঙে চাল বের করা হতো। আধা 'কারা' চাল ডুলি ভরে রেখে দিত, পরে 'কেরে কেরে' খাওয়া হতো। ঢেঁকিতে ধান ভানতে তিন-চারজন মহিলা লাগত। ঘরের নাম ছিল পুবের ঘর, পশ্চিমের ঘর, উত্তরের ঘর, দক্ষিণের ঘর। এ ছাড়া দরকারমতো আরও ঘর ছিল। পুবের ঘর ছিল বাইরের ঘর। তাতে মেহমান আসলে থাকত।

চার-পাঁচজন জোয়ান কামলা ছিল। এদের বাড়ির ভেতর যাওয়ার নিয়ম ছিল না। একটা ছোটো ছেলে থাকত, সে-ই খাওয়াদাওয়া নিয়ে যেত, বড়ো কামলাদের খাওয়াত। দাদার এক ছেলে জমিজমা দেখাশোনা করত। কামলাদের দিয়ে ফসল চাষ করাতো।

ডুলি

ডুলি ও টাইল, উগার বা মাচায় রাখা হতো। এগুলোর মধ্যে ধান ও চাল রাখা হতো। পশ্চিমের ঘরই সবচেয়ে বড়ো ছিল। এটাই ছিল দাদার ঘর। দাদার ঘরের একপাশে ছিল টাইল, প্রায় ঘরের চাল পর্যন্ত

উঁচা। এগুলো ভরে ধান রাখা হতো। টাইলের একেবারে নিচে ছোট্ট একটু জায়গা খোলা রেখে পাতলা আবরণ দিয়ে বন্ধ রাখা হতো। ধান নামাতে অসুবিধা হবে বলে এই ব্যবস্থা ছিল। যখন ধান নামানোর দরকার হতো, নিচের ছোটো আবরণটা কেটে দিলে স্রোতের মতো ধান পড়ত। পরে তা কীভাবে বন্ধ করা হতো তা আমার মনে নাই।

বাড়ির পিছনে ছিল বড়ো পুকুর, আর সেই পুকুরে কতরকমের মাছ! কিছুদিন পরপর জাল আনা হতো। ঝাঁকিজাল ফেলে মাছ ধরত আর যে কয়দিন সম্ভব এই মাছ খাওয়া হতো। পুকুরে মহিলাদের জন্য সম্পূর্ণ বেড়া দেওয়া ঘাট ছিল। মহিলারা নিশ্চিন্ত মনে গোসল করত।

বাড়ির পিছনে ছিল বড়ো পুকুর

পুকুরের পরেই জমিজমা আর বিরাট এলাকাজুড়ে মাঠ। মাঠের বুক চিরে একটা রেললাইন। এই রেললাইনটি যেন মাঠের সৌন্দর্য আরও বৃদ্ধি করে দিয়েছিল। দিনের মধ্যে কয়েকবার আমরা শব্দ

শুনতাম আর বাড়ির পেছন দিকে দৌড়ে গিয়ে ট্রেন ও আরোহী দেখতাম।

কিছু দূরে বাজার ছিল। সপ্তাহে বোধ হয় দুদিন বাজার জমত। চাচা কামলাদের মাথায় ধানের বস্তা তুলে দিয়ে বাজারে যেতেন। সংসারের দরকারি জিনিসপত্র কিনে নিয়ে আসতেন। বড়ো পাকা গেটের সামনেই ছিল টিউবওয়েল। প্রতিবেশী মহিলারা সেখানে আসত কলসি ভরে খাওয়ার পানি নিতে।

'বাড়ির পেছন দিকে দৌড়ে গিয়ে ট্রেন ও আরোহী দেখতাম'

এত বড়ো একান্নবর্তী পরিবার আরও ছিল বলে মনে হয় না। তখনকার দিনে এই ধরনের অবস্থাশালীদের সকলে বড়োলোক বলত। বিশেষ করে উত্তর-দক্ষিণ পাড়ার মানুষ দাদার বাড়িকে 'বড়ো বাড়ি' বলত। বর্তমান জামানায় বড়োলোক বলা হয় যাদের বেশি ধনসম্পদ আছে, ব্যাবসাবাণিজ্য আছে তাদের। এখনকার গ্রামের লোকদের বেশি জমিজমা আছে বলে মনে হয় না। সবারই আর্থিক অবস্থা খুব খারাপ।

বংশধররা সব ভাগাভাগি করে নিয়েছে বা বিক্রি করে করে খেয়ে শেষ করে নিঃস্ব হয়ে গেছে। তাদের সন্তানরা নিঃসম্বল অবস্থায় আছে। একজনকে দিনমজুরি করতেও দেখেছিলাম। আল্লাহ তায়ালা সবার মঙ্গল করুন।

সুদের সম্পদ আগুনে খায়

শুনেছিলাম দাদার বাবা নাকি সুদ খেতো। অবস্থা ভালো ছিল, বড়ো গেরস্ত ছিল। দাদার বাড়িতে একবার আগুন লেগে সব পুড়ে যায়। মানুষ কিছু কিছু জিনিস আগুন থেকে বের করে আনে। কিন্তু দাদা লাথি দিয়ে আগুনে ফেলে দেয়। দাদা পরে বিরাট এরিয়া নিয়ে ইটের দেওয়াল দিয়ে বাসস্থান বানায়। দেওয়ালের নাম হলো 'সার দেয়াল'। এই দেওয়ালের ভিতর ছিল দাদার দুই ভাইয়ের বাসস্থান। দাদার অংশ বেশি বড়ো ছিল। ছোটো দাদার অংশ একটু ছোটো ছিল। তাদের নাকি দশ বোন ছিল। তাদের বিয়ে-শাদি হয়ে যায়। তিনি বাড়ির সংলগ্ন একটি মসজিদ দেন। হয়তো এটা ছিল হারাম কেটে যাওয়ার এবং তার পরবর্তীতে আল্লাহর রহমত সূচনা হওয়ার লক্ষণ।

কিছু পারিবারিক কাহিনি

আমরা আট বোন, তিন ভাই ছিলাম। বোনদের মধ্যে আমি তৃতীয়। সবার বড়ো এক ভাই ছিলেন, নাম নুরুদ্দিন। তারপর পাঁচ বোন—আনোয়ারা, রওশন আরা, রাশিদা, ফাতেমা ও হাবিবা। তারপর দুই ভাই—হেলাল উদ্দিন ও আশরাফ আলী (ডাকনাম দুলাল)। তারপর তিন বোন—দিলরুবা, নীলু ও হুছনা।

দাদার কথা

দাদার সম্পর্কে ওপরে কিছুটা লেখা হয়েছে, তবে আরও কিছু বর্ণনা করছি। উনার নাম ছিল লেভু সরকার ভুঁঞা। ছোটো দাদার নাম ছিল নবী হুসেন ভুঁঞা। দাদা সুন্দর ছিলেন। হালকাপাতলা গড়ন, মাঝারি সাইজের লম্বা। দাদিও নাকি খুব সুন্দরী ছিলেন। আমরা দাদিকে দেখি নাই। আমার বড়ো ভাইকে দাদি দেখে গেছেন।

দাদাকে আমরা কোনো কাজ করতে দেখিনি। শুধু ধারি বানাতে, ডুলি বানাতে, টাইল বানাতে দেখতাম। বাঁশঝাড় থেকে বাঁশ কাটিয়ে এনে বসে বসে বেত তুলতেন আর ধারি, ডুলি, টাইল ইত্যাদি বানাতেন। মনে পড়লে এখনও চোখে ভাসে। চশমা পরতেন না।

তখনকার দিনেই দাদা শিক্ষিত ছিলেন। 'আঠার বাড়ি' নামক এক বাড়ি ছিল জমিদারবাড়ি। দাদা জমিদারের সরকার ছিলেন। এই জন্য তার নামের সাথে সরকার যুক্ত হয়েছে। দাদার পাঁচ ছেলে ছিল। মেয়ে

ছিল পাঁচ বা ছয়জন। আমি দেখেছি খুব সম্ভব চারজনকে। দাদার ছেলেদের নাম যথাক্রমে আবদুল খালেক, আবদুছ ছাত্তার (আমার আব্বা), সামছুদ্দিন (ডাকনাম সূর্যের বাপ), তাহের উদ্দিন ও তৈয়বদ্দিন।

দাদার কোনো নেশা ছিল না। চা, পান, সিগারেট, তামাক কিছুই খেতেন না, যদিও তখনকার লোকেরা হুক্কা খেতো। কল্কিতে টিক্কা জ্বালিয়ে দিত, আরও কী জানি দিত। বড়োলোকেরা ফরসি হুক্কা নল দিয়ে টানত। বিড়ি-সিগারেট খেতো। এটা বড়োই নেশার বস্তু ছিল। এখন এসব নেই, আছে শুধু সিগারেট। তবে দাদা এসব থেকে মুক্ত ছিলেন এবং সারা জীবন সুস্থই ছিলেন। কোনো অসুখ-বিসুখ হয়েছিল বলে মনে পড়ে না।

আল্লাহর রহমত ছিল দাদার ওপর। বড়ো সুখের সংসার ছিল উনার। প্রকৃতি যেন তাকে ঢেলে সাজিয়ে দিয়েছিল। ছেলেমেয়ে, বউ, নাতি-নাতকর, মেহমান, কামলা-গোমস্তা সব মিলেমিশে বিরাট একান্নবর্তী পরিবার। কোনো গন্ডগোল নেই, হিংসা-বিদ্বেষ নেই। মানুষজনও ছিল ইমানদার ও সহজসরল।

দাদার বাড়ির সেই দিন আর নেই। মানুষরাও নেই, নেই সেই জৌলুস। অতীতের গর্ভে সবই বিলীন হয়ে গেছে।

আব্বা-আম্মার কাহিনি

ডক্টর আব্দুছ ছাত্তার হলেন আমার আব্বা। চেহারা খুব সুন্দর ছিল। মনে হয় মায়ের চেহারা পেয়েছিলেন। যেমন উচ্চতা তেমন স্বাস্থ্য। গোলগাল ভরাট মুখ, বড়ো বড়ো চোখ, চাপদাড়ি। তিনি খুবই পরহেজগার ছিলেন। আমাকে পর্দামতো রাখতেন।

আম্মাও খুব সুন্দরী ছিলেন। গায়ের রং ধবধবে ফরসা, কোঁকড়ানো চুল। উচ্চতা ও স্বাস্থ্য মানানসই।

আব্বা মেডিকেল পাশ করার পর চাকরিজীবনে জায়গায় জায়গায় বদলি হতেন। কুলিয়ারচর, নিকলী, মাদারগঞ্জ, মেলান্দাহ ইত্যাদি জায়গায় আমাদের ভাইবোনদের জন্ম হয়েছিল, এক-একজনের এক-এক জায়গায়। তবে বড়ো তিনজনের খুব সম্ভব দাদার বাড়িতেই জন্ম হয়েছিল।

তখন একবার ম্যালেরিয়া জ্বর মহামারিরূপে ছড়িয়ে পড়ে। আব্বা তখন জায়গায় জায়গায় গিয়ে মানুষের চিকিৎসা করতেন ও ঔষধ বিলাতেন। তখন আমরা বাড়িতে ছিলাম। কয়েক বছর থাকতে হয়েছিল। আমি তখন ছোটো ছিলাম। তবে বয়স কত ছিল জানি না। তখনই আমার বড়ো বোন আনোয়ারার বিয়ে হয় আর দাদার বোনদের ও সমস্ত আত্মীয়স্বজনকে দাওয়াত দিয়ে আনা হয়। খুব ধুমধাম করেই বিয়ে হয়। তখনকার রীতি অনুযায়ী আব্বা সবাইকে কাপড় দিয়ে দেন। এরপর অবশ্য অন্য মেয়েদের আড়ম্বরহীন বিয়ে দেন। যেখানে যেখানে চাকরিরত ছিলেন, সেখানেই তাদের বিয়ে দেওয়া হয়।

চাকরিজীবন শেষ হবার পর আব্বা কিশোরগঞ্জ শহরে বাড়ি কিনেন আর আমরা সেখানেই থাকি।

'আমার ছাতি নিয়া কই যাস?'

দাদার আসলে ইচ্ছা ছিল তার প্রথম ছেলে আব্দুল খালেককে (আমার বড়ো চাচা) ডাক্তারি পড়াবেন। কিন্তু কেন জানি তা হয় নাই। তার দ্বিতীয় ছেলে আমার আব্বাকে গৃহস্থের কাজে লাগাবেন মনে করেছিলেন। কিন্তু আব্বার শখ ছিল মেডিকেলে পড়ার। অতএব নিজের ইচ্ছায় বাড়ি হতে পালিয়ে গিয়ে মেডিকেলে ভর্তি হন।

'আমার ছাতি নিয়া কই যাস? আমার ছাতি দিয়ে যা!'

আব্বা যাওয়ার সময় পুকুরপাড়ে বড়ো চাচা পথ রোধ করে বলেন, 'আমার ছাতি নিয়া কই যাস? আমার ছাতি দিয়ে যা!'

পরে দাদা বাধ্য হয়ে খরচ চালিয়ে যান।

সুখের সংসার

আব্বা-আম্মার খুব সুখের সংসার ছিল। সংসারে কোনো অশান্তি ছিল না। বাড়িতে থাকতেন না, জায়গায় জায়গায় বদলি হতেন। স্বাধীনভাবে চলতেন। ভালো ভালো খাওয়াদাওয়া খুব পছন্দ করতেন। ইচ্ছেমতো বাজার করতেন বা করাতেন। মেয়েদের বিয়ে হওয়ার পর যদি দু-একজন জামাতা আসত এবং দু-একজন অন্য মেহমানও আসত, তা হলে খাসি জবাই করতেন।

আম্মার রান্না ছিল খুব মজাদার, হালকা তেল-মসলার রান্না। খুবই স্বাদ লাগত। বর্তমানে দেখছি কতরকমের মসলা পাওয়া যায় কিন্তু

আসল স্বাদ-গুণ থাকে না। অন্যরকম স্বাদ হয়। আমিও আম্মার রান্না কিছুটা পারতাম। আমাকে তো একজন বলেছিল এই রান্নাটা যেন না ভুলি।

শহরে শহরে ছিল সরকারি হাসপাতাল বা ডাক্তারখানা। অনেকটা খোলামেলা জায়গার মধ্যে পাকা করা সুন্দর ডাক্তারখানা। কাছাকাছি ছিল ডাক্তার আর কম্পাউন্ডারের কোয়ার্টার। রোগীরা আসত, ডাক্তার রোগী দেখে ব্যবস্থাপত্র লিখে দিত। কম্পাউন্ডার-চাপরাশি ব্যবস্থাপত্র দেখে ঔষধ বানিয়ে দিত। তখন বোতলে ঔষধ দিত। মাপমতো কাগজ কেটে বোতলে লাগিয়ে দিত। দাগের মাপ দেখে সবাই ঔষধ খেতো।

সাইকেলে চড়ে আব্বা রোগী দেখতে যেতেন। এটা ছিল ডাক্তারদের একটা উপরি হালাল রোজগার।

আব্বা-আম্মার শেষের জীবন

আব্বা-আম্মা সুখশান্তিতে প্রথম জীবন কাটালেও শেষের জীবনে অনেক কষ্ট পেয়েছেন। ভাগ্যে যা আছে তা তো ভুগতেই হয়। ছেলের সংসারে হয়তো পছন্দমতো খেতে পারেন নাই। খেদমত সাহায্য-সহযোগিতা পান নাই।

তবে তারা খুবই নেককার ও ধৈর্যশীল ছিলেন। মনে হলেই এখনও চোখে ভাসে : আব্বা গোসল করে নামাজ পড়ে টেবিলের সামনে বসে আছেন। বড়ো বড়ো চোখ মেলে আছেন, খাবার আনছে নাকি দেখছেন।

ঝাল খেতে পারতেন না। তরকারি খেয়েই চেহারা ঘেমে যেত। কিন্তু কোনো সময়ই অভিযোগ করতেন না।

বর্তমানে স্বামীর বাড়ি এসে যারা শ্বশুর-শাশুড়িকে আলাদা করে দেয় তারা ভালো ব্যবহার করে না। ভালো ভালো খাবারদাবার দেওয়া

বা সাহায্য-খেদমত করার কোনো ইচ্ছাই থাকে না। বেশি মানুষ থাকলে নিজেদের জন্য হয়তো মজাদার একটা তরকারি হয় কিন্তু শ্বশুর-শাশুড়ির সামনে যায় না। বাপ-মা'র এত আদরের আর কষ্টের সন্তান, সে খায় কিন্তু আব্বা-আম্মাকে দেওয়া হয়েছে কি না হয়তো জিজ্ঞাসাও করে না।

আগে পায়খানা ছিল অনেক দূরে। উঁচু সিঁড়ি বেয়ে উঠতে হতো। বদনা ভরে পানি নিয়ে যেতে হতো। গাছগাছালির নিচে ছিল। রাত্রে যাওয়া যে কত কষ্টকর ছিল তা চিন্তা করলেই বোঝা যায়। শীতের দিনে অজু-গোসল গরম পানি ছাড়া খুবই কষ্টকর। তারা মারা গেলে পরে হাফ বিল্ডিং হয়েছে, রুমের সাথে বাথরুম হয়েছে, অনেক সুখ-সুবিধা হয়েছে। কিন্তু তারা ভোগ করতে পারেন নাই।

যা হোক, আব্বা খুব বেশিদিন বেঁচে থাকে নাই বা বিছানায় পড়ে থেকে কষ্টেও ভোগেন নাই। তিন-চারদিনের দুর্বলতায় মারা যান। উনি খুব পরহেজগার লোক ছিলেন। সব সময় আল্লাহর জিকির করতেন। বৃদ্ধ বয়সেও শীতকালে মাঝরাতে নিজেই পানি গরম করতেন আর তাহাজ্জুদ নামাজ পড়তেন।

আব্বার মৃত্যুর পর এক আশ্চর্য ঘটনা হলো যে, মৃত্যুর খবর শুনে উনাকে দেখতে এসেছিল এক লোক। উনার মুখের কাছে কান নিয়ে সেই ভদ্রলোক আল্লাহর জিকির শুনতে পেরেছিল।

আব্বা মারা যাওয়ার বছর দেড়েক পরে আম্মা বিছানায় পড়েন এবং কিছুদিন ভোগার পর মারা যান। খুব একটা খেদমত পান নাই।

পিতামাতার মনে কষ্ট দেওয়া থেকে সাবধান

বউ যদি ভালো না হয়, শাশুড়ি সংসারের সাতে-পাঁচে থাকে না। সবার সাথে হাসিমুখে ভালো ব্যবহার করে ঠিকই কিন্তু ফেরেশতার মতো শাশুড়ির সাথে ঝগড়া করে। শাশুড়ি কী এমন দোষ করতে পারে?

ছেলে জন্ম দিয়েছে, কষ্ট করে লালনপালন করেছে এটাই কি তার দোষ? যা দেয় তাই খায়, তখন তো আগের মতো খেতেও পারে না। এটাও বুঝে না যে তাদের দিন তো প্রায় শেষ, আর কয়দিনই বা বাঁচবে। ছেলে হয়তো ঝগড়া শোনে কিন্তু কিছুই বলে না। মা'র পক্ষে কিছু বললে পরে কথা হয়তো বেড়ে যাবে। মেয়েরা যখন আসত তখন হয়তো ঝগড়া করত না। মেয়েরা যতদিন থাকত মা-বাপের সেবাযত্ন করত। যার পক্ষে সম্ভব হতো মা-বাবাকে নিয়ে যেত, যতদিন সম্ভব রাখত, সেবাযত্ন করত। ভাগ্য ভালো হলে হয়তো একটা ছেলের বউ ভালো হতো, আর শ্বশুর-শাশুড়ি ও পরিবারের সকলের সাথে ভালো ব্যবহার দ্বারা মন জয় করে নেক ও রহমতের দোয়া পেত।

মনোযোগ দিয়ে শোনো। পিতামাতা যদি কোনো সন্তানের কারণে মনোকষ্ট পায়, তা হলে বদদোয়া পায় সেই সন্তান। পিতামাতার নেক দোয়া বা বদদোয়া কখনও মুখে উচ্চারণ করার প্রয়োজন হয় না। আল্লাহর কাছে অন্তর থেকেই তা উচ্চারিত হয় আর আল্লাহর দরবারে তা সরাসরি পৌঁছে যায় ও কবুল হয়।

আল্লাহ তায়ালা সকল সন্তানকে এরূপ খারাপ আচরণ থেকে হেদায়াত করুন, ভালো আচরণের তৌফিক দান করুন। সকলেই হিংসা-বিদ্বেষমুক্ত হয়ে ভালো ব্যবহার দ্বারা পরিবার ও আত্মীয়স্বজনের নেক দোয়া লাভ করে নিজের জীবনকে সাফল্যমণ্ডিত করুক, এই দোয়া করি। আমিন।

আমার কথা

আমার সম্পর্কে সামান্য কয়েকটা কথা লেখার চেষ্টা করি। তখনকার দিনে মেয়েদের বেশি পড়াশোনা করানো হতো না। বরং ধর্মীয় শিক্ষা, সাংসারিক কাজ, হাতের কাজ ইত্যাদির দিকেই গুরুত্ব দেওয়া হতো বেশি। অতএব আমি চতুর্থ শ্রেণি পর্যন্তই পড়াশোনা করেছিলাম।

একটা বৃত্তিও পেয়েছিলাম, কিন্তু পঞ্চম শ্রেণিতে না যাওয়ার কারণে ঐ বৃত্তির পয়সা দেখার সৌভাগ্য হয়নি। কত টাকার অঙ্ক তা তো মনে নেই, তবে আট-দশ বছরের এক গ্রামের মেয়ের নিকটে তা যে এক বিরাট পরিমাণ তা তো বলার অপেক্ষা রাখে না। তা ছাড়া সেই আমলে টাকার মূল্যও ছিল অনেক বেশি।

যা হোক, যখন আমার বয়স পনেরো বা ষোলো বছর তখন আমার বিয়ে হয়ে যায়। জামাতার নাম আবদুল খালিক। এটাকে অল্পবয়সি বিয়ে বলে কেউ মনে করেনি। তখনকার দিনে এটাই ছিল মেয়েদের স্বাভাবিক বিয়ের সময় এবং সেই বয়সের মধ্যেই তারা জ্ঞানবুদ্ধি ও পরিপক্কতা অর্জন করত, যা এখনকার সময়ের বিপরীত।

বিয়ের পরে আমরা একটা ছোটো শহরে চলে আসি, নাম নেত্রকোনা। এখন এটা জেলা কিন্তু তখন ছিল মহকুমা। নেত্রকোনার জামে মসজিদের পিছনে ছোটো একটা বাসা ভাড়া করে ওখানেই আমরা উঠি। বাসা বলতে একটা ছোটো থাকার ঘর আর তার পাশে এক পাকের ঘর।

তার কয়েক বছর পর আমরা কাছাকাছি মোক্তার পাড়ায় একটা বাসা কিনি। বিক্রেতা আমার স্বামীর বড়ো বোন মহররমুন নেছার জামাই খুরশীদ চৌধুরী। তাদের তিন তালা দালানের পেছনে একটা টিনের বাসা। রাস্তায় যাওয়ার সরাসরি পথ ছিল না। দুই দালানের মাঝ দিয়ে এক চিপা গলি দিয়ে রাস্তায় আসতে হতো।

আমি বিবাহিত জীবনেও সুখী ছিলাম। অল্প আয়রোজগার হলেও সংসারে কোনো অশান্তি ছিল না। আমার দশটা ছেলেমেয়ে আল্লাহর রহমতে সুন্দর সচ্চরিত্র। পড়াশোনায়ও খুব ভালো ছিল। প্রথম ছেলেটা আড়াই বছর বয়সে মারা গিয়েছিল।

পাড়া-প্রতিবেশীরা অবসর সময়ে আমার কাছে এসে গল্পগুজব করতে ভালোবাসত। বর্তমানে অনেকেই ইন্তেকাল করেছে। তাদের

জন্য দোয়া করি তারা যেন বেহেশতবাসী হয়। আমিও অনেকদিন যাবৎ আমেরিকায় চলে এসেছি। আমি আমার ছেলেমেয়েদের কাছে আল্লাহর রহমতে খুবই ভালো ও শান্তিতে আছি।

দুটি মর্মান্তিক ঘটনা

দাদার জীবনে একটি মর্মান্তিক ঘটনা ঘটে। আমাদের জন্মের পূর্বে দাদার ছিল বড়ো দুই ছেলের দিকে দুই নাতি। একজন হলো আমার বড়ো ভাই নুরুদ্দিন, আরেকজন এক চাচার ছেলে, নাম ছিল বোধ হয় রিয়াজউদ্দিন। এই দুই প্রথম নাতি ছিল দাদার খুব আদরের। তাদের বয়স ছিল খুব সম্ভব তিন বা চার বছরের মতো। দাদা প্রত্যেকদিন তাদেরকে পুকুরে নিয়ে যান। তাদের গোসল করান, নিজেও করেন। একদিন রিয়াজউদ্দিনকে না পেয়ে নুরুদ্দিনকে নিয়ে গোসল করে আসলেন। মনে করলেন তাকে বোধ হয় তার মা গোসল করাচ্ছে। তাদের নিয়ে দাদা বড়ো প্লেটে একসাথে ভাত খেতেন। খেতে বসার সময় রিয়াজের ডাক পড়ল কিন্তু পাওয়া গেল না। সবাই খুঁজতে খুঁজতে মহিলাদের ঘাটে গিয়ে দেখে পানিতে তার লাশ ভাসছে। এই ছিল এক মর্মান্তিক ঘটনা।

এই বংশের আরও একটি দুঃখজনক ও স্মরণীয় ঘটনা হলো আমাদের ছোটো ভাই আশরাফ আলীকে নিয়ে। তার তিন ছেলে। বড়ো ছেলে শফিক ঢাকায় ব্যাবসা করত। এক ইদে শফিক কিশোরগঞ্জ বাপের বাসায় আসে। তার সঙ্গে বউ ও ছোটো দুটি মেয়ে। এক পর্যায়ে সামান্য কারণে কথা কাটাকাটির পর শফিকের ছোটো ভাই তার বুকে ছুরি দিয়ে আঘাত করে। হাসপাতালে নেওয়ার সময় শফিক রাস্তায়ই মারা যায়। চিরদিনের জন্য বউ বিধবা ও মেয়ে দুটি এতিম হয়ে যায়।

ঘাতকের ফাঁসি হয় নাই। তার পিতা কিশোরগঞ্জ শহরের গণ্যমান্য লোক হওয়ায় তার খাতিরে ছেলেকে শুধু জেল দেওয়া হয়। শুনলাম

জেল থেকে মুক্তি পেয়ে পরিবার নিয়ে বাপের বাসাতেই আছে। তবে দুমাস পরপর হাজিরা দিতে হয়। তার পিতা আশরাফ আলী কিশোরগঞ্জের নামকরা পাগলা মসজিদের খতিব ও ইমাম ছিল। অনেকদিন পরে চাকরি ছেড়ে দিয়ে নিজের বাসায় চলে যায়। এখনও প্রতি শুক্রবার সেখানে ইমামতি করে।

'এই ফুলটি আপনি গ্রহণ করুন'

মর্মান্তিক কথাবার্তা পিছনে রেখে একটা আমোদীয় ঘটনা দিয়েই এই অধ্যায়টা শেষ করা যাক। সেটা আমার বোন রওশন আরাকে নিয়ে। আমাদের আট বোনের মধ্যে সে ছিল দুই নম্বর বোন। রওশন আরার দাদার বাড়িতেই বিয়ে হয়। সে আরেক ইতিহাস। সে খুবই সুন্দরী ছিল। সবাই তাকে খুব আদর করত। এক চাচি তো তাকে নিজের সন্তানের চেয়েও বেশি আদর করত। চাচি খুব পান-জর্দা খেতো। চাচির সাথে সাথে ছোটোবেলা থেকে সেও পান-জর্দা খাওয়া শিখে ফেলে।

আব্বা মেয়েদের জন্য বিয়ের প্রস্তাব আসলে প্রথমেই খোঁজখবর নিতেন ছেলেটি দ্বিনদার ও পরহেজগার কি না। এরপর শিক্ষাদীক্ষা বা অন্যান্য খবরাদি নিতেন। একবার রওশন আরার জন্য একটি প্রস্তাব আসলো। ছেলের বাড়ি ময়মনসিংহের কাছাকাছি দাপুনিয়া, গ্রামের নাম গোষ্টা। এম.এ পাশ, বাড়ির অবস্থা খুব ভালো। তার পিতা ডাক্তার। সে ঢাকায় ভালো চাকরি করত এবং পরে সে চাকরি ছেড়ে দিয়ে বাড়িতে চলে আসে। তার পিয়নটাই নাকি ছিল মেট্রিক পাশ। সে খুব পরহেজগার হয়ে যায় আর সব ছেড়ে আল্লাহর রাস্তায় চলে যায়। যা হোক, আব্বা তো সব জেনে খুবই খুশি।

পরে একদিন পাত্র আসলো মেয়ে দেখতে। মেয়ে দেখে একটি গোলাপ দিয়ে বলল, 'এই ফুলটি আপনি গ্রহণ করুন।' এরকম আবেগী

উক্তি আর কাণ্ডকারখানা দেখে বাড়ির মানুষ তো সব অবাক। তবে আব্বা খুব খুশি, পাত্র শুধু মসজিদে থাকে, ইবাদতবন্দেগি করে।

'এই ফুলটি আপনি গ্রহণ করুন'

যা হোক, অনাড়ম্বর বিয়ে হয়ে গেল। পাত্র ছিল স্বাভাবিকের চেয়ে একটু বেশি লম্বা, শ্যামলা, হালকাপাতলা গড়ন। দেখতে খুব একটা সুন্দর ছিল না। বিয়ের পর আম্মার খুব মন খারাপ হয়ে যায়। তিনি বললেন, 'আমার ফুলের মতো মেয়েটাকে এমন একটা অসুন্দর পাত্রের সাথে বিয়ে দেওয়া হয়েছে!' তার মানসিক অশান্তির কারণে এমন অসুস্থ হয়ে পড়েন যে মরণাপন্ন হয়ে যান।

যা হোক, পরে আল্লাহর রহমতে আম্মা সুস্থ হয়ে ওঠেন। পরবর্তীতে আমার বোনও দাম্পত্য জীবনে খুব সুখী হয়।

সমস্ত প্রশংসা আল্লাহর। তিনি যা করেন, সবার মঙ্গলের জন্যই করেন।

আগের দিনের জীবনযাপন

পিঠার গল্প

শীতকালে অর্থাৎ অগ্রহায়ণ-পৌষ মাসে ধান মাড়াইয়ের বড়ো মৌসুম ছিল। তখন পিঠা বানানোর ও খাওয়ার ধুম পড়ে যেত। অনেক রকমের পিঠা বানানো হতো। একটা পিঠার নাম ছিল 'পুরা পিডা' (পোড়া পিঠা)। মাটির পাতিল ভরে ভরে উঠানে বড়ো চুলায় আগুন জ্বালিয়ে তাতে পোড়া দিত। পরে পাতিল ভেঙে ফেলে দিত আর পিঠা কেটে কেটে খাওয়া হতো। অন্যান্য পিঠার নাম ছিল : পুলি পিঠা, গুলি পিঠা, মিষ্টি পিঠা, ঝাল পিঠা বা মসলার পিঠা ইত্যাদি। খই, চিড়া, মুড়িও খুব চলত। এগুলো করাও খুব কঠিন ছিল তবুও খাওয়া হতো। যেমন চুলায় বালি খুব গরম করে এক মুষ্টি এতে ফেলে ভাজাকাঠি দিয়ে খুব নাড়তে হতো। পট পট করে খই ফুটে কড়াই ভরে যেত আর ভাজাকাঠি দিয়ে নামিয়ে আরও দিত। চিড়ামুড়ি তো এখনও আছে।

আরও কয়েক রকমের পিঠা বানানো হতো। একটা ছিল হাতের সেমাই। চার-পাঁচজন এক জায়গায় বসে সেই সেমাই বানাত। কে কত চিকন করতে পারে ও কত বেশি বানাতে পারে তার প্রতিযোগিতা চলত। পরে সেমাই ভাপে সিদ্ধ করে রোদে শুকিয়ে ঘরে রেখে দিত। যে সময় ইচ্ছা দুধ, গুড় ও নারকেল দিয়ে রান্না করে খাওয়া যেত।

পরে মেশিনের সেমাই বের হওয়ায় হাতের সেমাই কেউ বানায় বলে মনে হয় না।

আরেকটা ছিল নকশি পিঠা বা কাটা পিঠা। কয়েকজন একসাথে বসত। ছোটো আর মোটা রুটি বানাত। প্লেইন বেলন দিয়ে বানিয়ে কলাপাতার ওপর রেখে দিত। আঁককাঠি কিনতে পাওয়া যেত। কাঠির এক মাথায় চিকন দুই-তিনটি অংশ, আরেক মাথায় ছিল মোটা সুঁইয়ের মতো। একদিক দিয়ে নকশা আঁকা হতো, আরেকদিক দিয়ে জিরা কাটত। কে কত সুন্দর নকশা আঁকতে পারে, জিরা কাটতে পারে তারই যেন প্রতিযোগিতা চলত। এক-একটা পিঠা বানাতে বেশ সময় লাগত। বানানোর পর ডোবা তেলে ভাজলে পিঠার সৌন্দর্য আরও বেড়ে যেত। এই পিঠা ঘরে রেখে দিত। পরে যে সময় ইচ্ছে খাওয়া যেত। মেহমান আসলেও নাশতা দেওয়া হতো। খাওয়ার সময় আবার ভেজে গুড় অথবা চিনির সিরায় ডুবিয়ে খাওয়া হতো।

একটি পিঠা ছিল পাপড়া, আরেকটি হলো তেওর। মিহিন চাউলের গুঁড়া গুলে কলাপাতায় অথবা কাঁঠালপাতায় মুড়িয়ে ভাপ দিয়ে সিদ্ধ করে পরে পাতা ফেলে দিয়ে রোদে শুকিয়ে ঘরে রেখে দিত। তেওর পিঠা কড়াইয়ে সামান্য তেল লাগিয়ে সুতার মতো চিকন করে প্যাঁচিয়ে প্যাঁচিয়ে বানানো হতো। রোদে শুকিয়ে রেখে দিত। এই পিঠাগুলো বিয়ে-শাদি লাগলে অবশ্যই বানানো হতো। কোনো মহিলা বেড়াতে গেলে অথবা বিয়েতে নাইয়র গেলে বড়ো ডেগ ভরে নিয়ে যেত। এর মধ্যে পোয়া পিঠাও থাকত। খুব বড়ো রকমের একটা পিঠা খুব সুন্দর ডিজাইন করে আঁকত ও জিরা কাটত। একটা বিশেষ বড়ো থালায় করে সব পিঠা সাজিয়ে নকশি পিঠাটা ওপরে দিয়ে জামাই বা বরের সামনে দেওয়া হতো। জামাই পিঠার সৌন্দর্য দেখত আর সাথিদের নিয়ে খেতো।

তারপর আরেকটি পিঠা ছিল কলার পিঠা। বড়ো বড়ো বিচি ভরা কলা রস করে বিচি ফেলে তাতে সেমাইয়ের মতো কিন্তু বড়ো বড়ো পিঠা বানিয়ে রসে ডুবিয়ে জ্বাল দেওয়া হতো। খেতে খুবই সুস্বাদু ছিল। একটু বাসি হলে আরও মজা হতো। এটাও বর্তমানে কেউ বানায় কি না জানি না।

আরও দুই রকমের পিঠা বানানো হতো, নাম চিতল পিঠা আর ভাপা পিঠা। শীতকালেই বেশি চলত এই পিঠা। গরিব লোকেরা রাস্তার দুপাশে চুলা ও আয়োজন সব নিয়ে বসে বানাত আর খুব বিক্রি হতো। অনেকে এই পিঠা দিয়েই নাশতা খেতো। এটার মাধ্যমে গরিবের একটি উপার্জন ছিল। বর্তমানে আছে কি না জানি না।

সবাই আবার সব রকমের পিঠা বানাতে পারত না। তবে ছোটোবেলা থেকেই আমার হাতের কাজের খুব আগ্রহ ছিল। যাই দেখতাম তাই শিখতাম। নকশি পিঠাগুলো আমি পারতাম এবং বানাতামও।

বিয়ে-শাদি লাগলে 'কাই' করে পাড়াপড়শিদের কাছে অনেকে যেত পিঠা বানিয়ে দেওয়ার জন্য। চালের রুটি ও মাংসের তরকারি তো খুবই পছন্দনীয় খাবার ছিল। তালের মৌসুমে তালের পিঠা সবাই বানাত ও খেতো। এ পিঠা তো এখনও আছে।

শিল-পাটা ও ছিক্কা

বাড়ির ভেতরের কাজের জন্য তিনজন মহিলা ছিল। একজন সারাদিন পাকঘরের কাজে নিয়োজিত থাকত। ডাল ভাত রান্না করত। আম্মা ও চাচিরা তরকারি রান্না করত। মহিলার নাম ছিল খুশী। আমরা সবাই তাকে খুশী বুজি ডাকতাম। ইয়া বড়ো শিল-পাটা ছিল। মাটি দিয়ে উঁচু করে এর ওপর শিল-পাটাটা রাখা হতো। নুয়ে নুয়ে খুশী বুজি মসলা পিষত। কত মসলা যে লাগত! তখন তো গুঁড়া মসলা ছিল না।

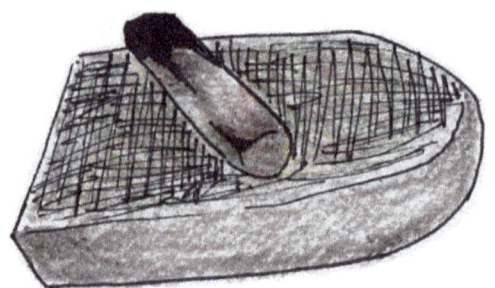

শিল-পাটা ও ছিক্কা

গোয়ালঘর

বাড়ির সামনে এক সাইডে বড়োসড়ো গোয়ালঘর ছিল, তাতে ঘর ভরা গরু। সব গরুর সামনে মাটির তৈরি বড়ো বড়ো চারি। এতে ঘাস, পানি, শুকনা বন ইত্যাদি দেওয়া হতো গরু খাওয়ার জন্য। কামলারাই গরুর সেবা করত। মশা যাতে না কামড়ায় এই জন্য সন্ধ্যার সময় ধোঁয়া দেওয়া হতো। গোয়ালে দুধেল গাভিও থাকত।

একবার একটা গাভি বাচ্চা দেবে, সময় হয়ে গেছে। দাদা সব সময় লক্ষ রাখেন কোন সময় জানি বাচ্চা হয়। একদিন মসজিদে ফজরের নামাজ পড়ছেন এমন সময় গাভির একটা আওয়াজ পেলেন। গিয়ে দেখেন বাচ্চা হয়ে গেছে কিন্তু নাই। শিয়ালে নিয়ে গেছে। বাড়ির লোকদের আর দুধ খাওয়া হলো না।

অবস্থাশালীদের অনেক গরু থাকত। তখন তো গরু দিয়ে হালচাষ করা হতো। বাড়ির পিছনে পুকুরপাড়ে ছিল বন রাখার দোচালা ঘর। সেখানে সারা বছরের গরুর খাবার রাখা হতো।

সিন্দুক

আমার এক চাচার ঘরে বিরাট বড়ো দামি কাঠের নকশা করা সিন্দুক ছিল। এর ভেতর দামি জিনিসপত্র ও কাপড়চোপড় রাখা হতো। দরকার পড়লে এর ওপর শুয়ে ঘুমানোও যেত। আরেকটা লোহার সিন্দুক ছিল দাদার ঘরে। ছোটো আয়তনের সিন্দুক ছিল। মনে পড়ে এটাতে সব সময় একটি বড়ো তালা ঝুলত। মনে হয় টাকাপয়সা বা স্বর্ণের জিনিস থাকত এর ভিতর।

তখন ব্যাংক ছিল কি না মনে নেই। এসব তো অতীতের গর্ভে বিলীন হয়ে গেছে। আরও অনেক কিছু হয়তো বর্তমানে নেই। তবে আছে আধুনিক সুখ-সুবিধা, আরাম-আয়েশ।

সিন্দুক

লাকড়ির চুলা আর চোঙা

কতগুলো জিনিস বর্তমানে মোটেই দেখা যায় না, যেমন লাকড়ির চুলা। লাকড়ি দিয়েই তখন রান্না হতো। গাছের ডালপালা, মূল অংশ, শুকনো পাতা, কলাগাছের শুকনো পাতা এসবই জ্বালানিরূপে ব্যবহার হতো।

রান্না করাও খুব কষ্টকর ছিল। জ্বালানিকাঠ ভেজা হলে ধোঁয়ায় ঘর ভরে যেত। চোঙা রাখত চুলায় ফুঁ দেওয়ার জন্য। অবস্থাশালীদের লাকড়ি ও খড় ছিল। সারা বছরের শুকনো লাকড়ি রেখে দিত। এখন তো মনে হয় গ্রামেও লাকড়ির চুলা নেই। আমি অবশ্য ঠিক খবর জানি না।

লাকড়ির চুলা

কালির দোয়াত

আর ছিলো কালির দোয়াত। কালি গুলে রেখে কলম ভিজিয়ে ভিজিয়ে লিখতে হতো। কলমের আগায় নিব লাগিয়ে নিতে হতো।

কালির দোয়াত

নরুন আর খড়ম

হাত-পায়ের নখ কাটার জন্য ছিল নরুন। লোহার কর্মকার তা বানিয়ে দিত। পায়ে দেওয়ার জন্য ছিল কাঠের খড়ম। বাজার থেকে বৌলা

কিনে এনে সাইজমতো লাগিয়ে নিতো। পায়ে দিয়ে হাঁটলে খট খট শব্দ হতো।

পা দুটাকে সামান্য একটু আরাম দেওয়ার জন্য বের হয়েছিল ফিতা লাগানো খড়ম স্যান্ডেল। তবে আমার মনে হয় না এতে খটখটানির কোনো কমতি হতো। অতএব পায়ের কিছুটা আরাম হলেও কানের আরাম হতো না।

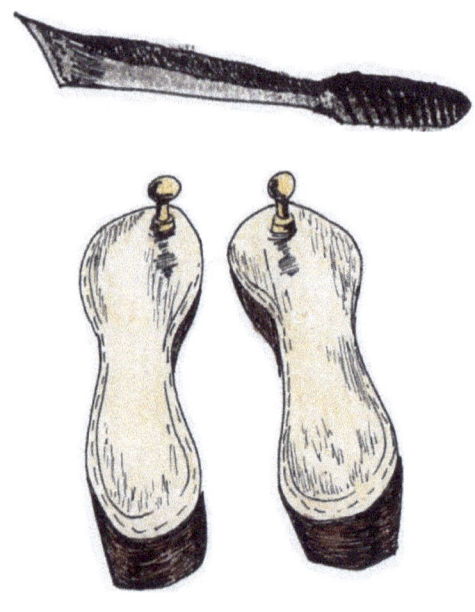

নরুন ও খড়ম

হারিকেন, কুপি আর সলতা

তখন বিদ্যুৎ ছিল না। সন্ধ্যার কাছাকাছি হলেই একজন বসত সব ঘরের বাতি ঠিক করতে। হারিকেন, কুপি, বাতির সলতা ইত্যাদি ঠিক

করত আর কেরোসিন ভরত। ঘরে ঘরে তা জ্বালিয়ে দেওয়া হতো। হারিকেনে একটা চাবির মতো থাকত যা একদিকে ঘোরালে সলতা ভাসত, অপরদিকে ঘোরালে সলতা কমত। বিদ্যুতের সুবাদে এখন মানুষের কত সুখ-সুবিধা হয়েছে তার কোনো সীমা নেই।

কুপি

মেয়েদের শিক্ষা

আব্বা মেয়েদের বেশি পড়াশোনা করাতেন না। প্রাইমারি পাশ করার পর বাড়িতে পর্দামতো রাখতেন। বাড়িতে মৌলভি রেখে কুরআন-হাদিস, আরবি-উর্দু এসব শিক্ষা দিতেন। তাও ছোটোবেলায়; বড়ো হয়ে গেলে আর পড়াশোনা হতো না। ঘরেই নানা ধরনের সেলাই ও রান্নাবান্না শেখানো হতো। তখন পাত্রী খুঁজতে গিয়ে অনেক শিক্ষিতা

খুঁজত না। মোটামুটি পড়াশোনা করেছে ও ধর্মীয় জ্ঞান অর্জন করেছে এবং দেখতেও যদি পছন্দ হয় তা হলেই বিয়ে হয়ে যেত। এই জন্যই আমার এক ভগ্নিপতি ছিল এমএ পাশ, সেই তুলনায় আমার বোনের পড়াশোনা খুবই কম ছিল।

বর্তমান জামানায় তো প্রায়ই দেখছি স্বামীর চেয়ে স্ত্রী বেশি শিক্ষিত। কিন্তু দাম্পত্য জীবন দীর্ঘস্থায়ী হয় না। প্রায়ই ডিভোর্স হয়ে যায়। আগের জামানায় ডিভোর্সের কথা শোনা যেত না। এই জন্যই সকলেরই ধর্মীয় জ্ঞান অর্জন খুবই জরুরি। দাম্পত্য জীবন ও ইহ-পরকালে সফল হতে হলে ইসলামি শিক্ষা ও আদেশ-নিষেধের কোনো বিকল্প নেই।

পরকালের চিন্তা না থাকলে এবং আল্লাহর ভয় না থাকলে মানুষ যা ইচ্ছা তাই করতে পারে। সকলকেই আল্লাহ তায়ালা শুভবুদ্ধি দান করুন এই দোয়া করি।

বিকালবেলার কেশচর্চা

তখনকার দিনে বিকাল হলেই মা'রা মেয়েদের নিয়ে বসত। চুলে তেল দিয়ে আঁচড়ে বেণী গেঁথে দিত অথবা খোঁপা করে দিত। চুল যত লম্বা হতো ততই মেয়ের সৌন্দর্য বৃদ্ধি হতো বলে মনে করা হতো। খুব সুন্দর লাল-কালো-সাদা সিল্কের ফিতা পাওয়া যেত। বেণীর আগায় অথবা খোঁপার ওপর ফিতা দিয়ে ফুল করে দিত। কালো ক্লিপ ছিল। সামনে সিঁথির দুপাশে ক্লিপ দিয়ে চুল আটকে দিত যাতে চুল আওলে না হয়।

এখন তো দেখি বিপরীত অবস্থা। চুল যত আওলে রাখা যায় ততই সৌন্দর্য বৃদ্ধি পায় বলে মনে করা হয়। চুল বেশি লম্বাও করে না, ছোটো করে রাখে। যারা আওলে রাখে না তারা সমস্ত চুল পিছনে বেঁধে গিঁট দিয়ে রাখে।

যাদের চুল কম ছিল, খোঁপা বাঁধা যায় না, তারা 'বাটিয়া' দিয়ে চুল বাঁধত। কালো রঙের বাটিয়া পাওয়া যেত, যেটার মাধ্যমে মেয়েদের বিয়ের সময় খুব সুন্দর করে বড়ো করে খোঁপা বেঁধে দিত। খোঁপার একটি আবরণ পাওয়া যেত। তার ওপর ফুল দিয়ে সাজিয়ে দিত। এই সবই অতীতের গর্ভে হারিয়ে গেছে।

যুগের বদলে সাথে সাথে জীবনযাত্রা, পরিবেশ-পরিস্থিতি সবই বদলে যায়।

চিত্তবিনোদন

গ্রামের চাষিরা তখন সারাদিন পরিশ্রমের কাজ করার পর রাত্রে শোয়ার আগে অবসর হয়ে পুথি শুনত। চতুর্দিকে গোল হয়ে বসত। মাঝখানে একজন অল্পশিক্ষিত লোক গানের সুরে গেয়ে শোনাত। পুথি ছিল আগের দিনের সব কিস্সা-কাহিনি যা ছন্দ মিলিয়ে সুর করে পড়া হতো। এটাই ছিল সেই সহজসরল লোকদের চিত্তবিনোদনের ব্যবস্থা। হারমনিয়াম, কলের গানও ছিল সেই যুগে আনন্দ লাভের একটা ব্যবস্থা। তবে চাষিদের ঘরে এসব ছিল না।

'আপনারা কই যান গো?'

তখন গ্রামের অবস্থাশালী লোকেরা তাদের ছেলেদের বিয়ে দিত খুব জাঁকজমকের সঙ্গে। বিশেষ করে আমার আব্বা তো বরযাত্রী হয়ে গিয়েছিলেন হাতির পিঠে চড়ে। বিয়ের পর নাইয়রিরা একটি করে শাড়ি পেত।

পালকি

আর বউকে আনা হতো ছয় বেহারার পালকিতে করে। বরের বাড়ির উঠোনে গিয়ে বউকে নামাত, তারপর মহিলারা এসে বউয়ের মুখে মিষ্টি দিয়ে বরণ করত এবং ঘরে নিয়ে তুলত।

আরেকটা কম খরচের সোয়ারি ছিল যার নাম ছিল 'মাফা'। সাধারণ মহিলারা এতে যাতায়াত করতে পারত। যাতায়াতের জন্য আরেকটি ব্যবস্থা ছিল ঘোড়ার গাড়ি। আর কী যানবাহন ছিল মনে করতে পারছি না।

আমার এক ফুফু একবার ঘোড়ার গাড়িতে করে কোথায় জানি যাচ্ছিলেন। সামনেই ছিল আয়না। আয়নায় লোকজন দেখে জিজ্ঞেস করলেন, 'আপনারা কই যান গো?'

আসলে আয়নাতে নিজেদেরই দেখেন কিন্তু বুঝতে পারেননি।

'আপনারা কই যান গো?'

অর্থবোধক কিছু প্রবাদ

১.
মনরে বোঝো না, চিরদিন তো আর ভবে রবে না
যাইতে হবে কবরেতে, যাইতে হবে কবরেতে
এই রঙ্গে দিন যাবে না
চিরদিন তো আর ভবে রবে না।
বাদশাহ ছিল সেকান্দার, সারা জাহানে দিত কর
সেও তো চলিয়া গেল, সঙ্গে কিছু নিল না
চিরদিন তো ভবে রবে না।
বাদশা ছিল আমীরানা, বানাইল বেহেশতখানা
একবার দেখিবারে খোদা তারে দিলেন না।

২.
নদীর এপার বলে ছাড়িয়া নিঃশ্বাস
ওই পাড়েতে বড়ো সুখ আমার বিশ্বাস

৩.
আগুনে তে থুইয়া বিবি কোলেরই সন্তান
নামাজ পড়েন, হায় কী ইমান
মোরা ওই মুসলমান, মোরা ওই মুসলমান

৪.
বাপকা বেটা সিপাইকা ঘোড়া
বেশি না হোক থোড়া থোড়া

৫.
যে জন দিবসে মনের হরষে জ্বালায় মোমের বাতি,
আশু গৃহে তার, রহিবে নাকো আর নিশীথ রাতে ভাতি

৬.
এ জগতে হায় সেই বেশি চায়
যার আছে ভুরি ভুরি
ধনীর হস্ত করে কাঙালের ধন চুরি

৭.
কী যাতনা বিষে
বুঝিবে সে কীসে
আশি বিষে দংশেনি যারে

৮.
হায় আফসোস হায়
জ্বলিয়া ওঠে কলিজায় মউতেরি সময়
কী উপায়ে মউতেরই হালের কথা গো
আল্লাহ কিতাবেতে দেখা যায়,
পাপ করো নাকো পাপ করো না
পাপে কিন্তু বাপ ছাড়ে না

৯.

বাঘিনী রুবির পানে
নিয়ত লুলুপা আপন সন্তানে
তবু প্রবল মমতা

১০.

মন মাঝিরে তোর বৈঠা নে রে
আমি আর বাইতে পারলাম না

১১.

নিদ আইয়ে তো কিয়া তাকিয়া
ভুখা হু তো কিয়া রুখা

১২.

হায়রে মানুষ রঙিন ফানুস দম ফুরাইলেই ঠুস
দম থাকতে আর হইলো নারে হুঁশ

১৩.

উপকারীর ঘাড়ে লাথি

১৪.

রান্ধে বেটি চুল বান্ধে না

১৫.

আপন থেকে পর ভালো
দেশ থেকে বিদেশ ভালো
নাই মামার চেয়ে কানা মামা ভালো

১৬.
চাচা আপন প্রাণ বাঁচা

১৭.
যে দেশের যে ভাও
নাও মাথায় পাতলা বাও

১৮.
মায়ের বোন খালা মায়ের চেয়েও ভালা
বাপের বোন ফুফু শয়তানের রুহু

১৯.
নিজের প্রতি দয়া করো
পাপ হইতে তওবা করো

২০.
আল্লাহ তায়ালা বড়ো দয়াময়
কিন্তু নাফরমানদের জন্য নয়
আল্লাহর নামের জিকির করো
জীবনখানি সফল করো।
শান্তি পাবে দুজাহানে
নিরাশ হবে শয়তানে।

২১.
অতি ভক্তি চোরের লক্ষণ

২২.
দশে মিলি করি কাজ
হারি জিতি নাহি লাজ

২৩.
আলসি বড়ো ক্ষতির ধন
যদি তারে করন যায় পালন

২৪.
সময় অমূল্য ধন
তাকে কাজে লাগাও সর্বক্ষণ

২৫.
আল্লাহর ওপর ভরসাকারীর জন্য আল্লাহই যথেষ্ট

২৬.
এই (সুখের) দিন দিন নাগো, আরও দিন (দুঃখের) আছে

২৭.
রূপে শুধু আঁখি ভোলে, গুণেতে হৃদয় গলে

২৮.
হাসিলে কাঁদিতে হয়, জানিও নিশ্চয়

২৯.
বনের বাঘে খায় না মনের বাঘে খায়

৩০.
বোবার শত্রু নাই

৩১.
শাসন করা তারই সাজে সোহাগ করে যে

৩২.
মধু নিশি পূর্ণিমার ফিরে আসে বারবার
যৌবন চলিয়া গেলে সে নাহিকো ফিরে আর

৩৩.
ভাবিয়া করিও কাজ করিয়া ভাবিও না

৩৪.
মা গুণে ঝি, গাই গুণে ঘি

৩৫.
রাখে আল্লাহ মারে কে

৩৬.
সংসার সুখের হয় রমণীর গুণে

www.ingramcontent.com/pod-product-compliance
Lightning Source LLC
Chambersburg PA
CBHW041130110526
44592CB00020B/2758
* 9 7 8 1 9 4 3 1 0 8 0 9 1 *